웨이 메이커 : 길을 여신 하나님

웨이메이커

: 길을 여신 하나님

조정환

규장

분당우리교회에서 오랜 시간 함께해온 조정환 목사님의 책 출간을 기쁘게 생각합니다. 제가 곁에서 지켜본 저자는 누구보다 뜨겁게 하나님을 예배하는 사람입니다. 그리고 자기 힘이 아닌 오직 하나님의 은혜에만 붙들려 살고자 몸부림쳐온 신실한 하나님의 사람입니다.

분당우리교회의 '일만성도 파송운동'이라는 부르심을 따라 낯선 평촌 지역에 교회를 세우는 과정에서, 저자는 예측할 수 없는 미래에 대한 막막함과 함께 하나님이 기뻐하시는 교회를 세워야 한다는 거룩한 부담감으로 불면의 밤을 보내면서도 순종으로 그 첫발을 내디뎠습니다. 분명 결코 쉽지 않은 시간이었을 것입니다.

이 책에는 거대한 바위에 길이 가로막힌 것 같은 두려움 속에서도 오직 하나님만을 붙들고자 애쓰며 고뇌했던 한 목회자의 몸부림이 고스란히 담겨 있습니다. 더욱 귀한 것은, 그 치열한 몸부림이 단순히 한 인간의 고통으로 끝나지 않았다는 점입니다. 그 고뇌의 시간은 친히 길을 만드시고 이끄시는 하나님의 은혜를 더욱 깊이 경험하는 통로가 되었습니다.

이 책은 인생의 막다른 길목에서, 혹은 광야 같은 허허벌판에서 방향을 잃고 헤매는 이들에게 따뜻한 위로와 진실한 격려가 되어줄 것입니다. 동시에 은혜로 우리를 이끄시는 하나님을 향한 갈망을 다시금 불러일으킬 것입니다. 하나님의 은혜를 사모하는 모든 독자에게, 기쁜 마음으로 이 책을 추천합니다.

이찬수(분당우리교회 담임목사)

광야에 길을 내시는
웨이 메이커를 신뢰하며 따라갑니다!

2022년 부활절 아침, 평촌드림교회의 첫 예배를 앞두고 저는 뜬 눈으로 밤을 지새웠습니다. 지난 19년 동안 부교역자로 수많은 사역 현장을 지켜왔지만, '분립 개척'이라는 광야 앞에 선 저는 한 번도 가보지 않은 길 위에 홀로 던져진 아이 같았습니다.

무엇보다 코로나19 팬데믹이라는 막막한 현실의 장벽은 한 치 앞을 내다볼 수 없게 만들었고, "아무리 분당우리교회에서 분립 개척을 했다지만 결국 살아남기 어려울 것"이라는 주변의 냉정한 말들은 제 마음을 더욱 위축시켰습니다. 지금껏 쌓아온 사역의 경험조차 아무런 힘이 되지 못할 것 같은, 그야말로 영적인 한계 상황에 부딪힌 것 같았습니다.

하지만 바로 그 지점에서 깨달았습니다. 한 걸음 한 걸음 믿음으로 나아갈 때, 아무것도 보이지 않는 그곳에서 하나님은 이미 길을 만들고 계셨음을 말입니다.

분당우리교회와 이찬수 목사님에게 '일만성도 파송운동'의 꿈을 주신 하나님께서는 저를 분립 개척 예비 담임목사의 자리로 이끄셨습니다. 그리고 제비뽑기라는 방법으로 지역을 예비하시고, 전혀 연고가 없던 백영고등학교로 인도하신 모든 과정은 도저히 인간의 머리로는 계획할 수 없는 전적인 하나님의 은혜였습니다.

어느 날, 이러한 과정을 책으로 정리해보자는 감사한 제안을 받았을 때 너무나 감격스러웠습니다. 하지만 동시에 두려운 마음도 제 안에 가득 자리 잡았습니다. 혹여 하나님의 은혜를 나눈다는 명목 아래, 은근한 자기 과시와 교만이 배어 나오지는 않을까 수없이 고심하며 스스로를 돌아보았습니다.

하지만 아무리 생각하고 다시 돌아봐도, 결론은 오직 하나, '모든 것이 하나님이 만드신 길'이었습니다.

부디 이 기록을 통해 저라는 사람은 희미해지고 오직 하나님께서 막힌 담을 뚫고 어떻게 길을 내셨는지만 전달되기를 소망합니다. 하나님은 여전히 교회와 그분의 자녀들을 위하여 쉬지 않고 일하고 계신다는 사실, 그 하나만 선명하게 드러나기를 간절히 기도합니다. 오직 하나님께만 영광이 되기를 간절히 소원합니다.

이 책이 나오기까지 빚진 마음을 전해야 할 분들이 너무나 많습니다.

무엇보다 저의 영적인 스승이자 아버지이신 이찬수 목사님께 머리 숙여 깊은 감사를 드립니다. 곁에서 그 삶과 사역을 지켜보며 흉내 내는 것만으로도 배움이 되는 거대한 영적 스승이 옆에 계시다는 사실은, 하나님께서 제 인생에 주신 가장 큰 선물이며 은혜입니다. 또한 분립 개척을 위해 물심양면으로 힘써주신 분당우리교회 성도들에게도 감사를 전합니다.

일면식도 없던 제게 아름답게 지은 학교 강당을 흔쾌히 예배 처소로 내어주신 백영고등학교 백성실 이사장님, 모든 과정에서 마음을 다해 협력해주신 이건홍 교장 선생님과 심석환 행정실장님을 비롯한 모든 학교 관계자분들의 귀한 헌신을 잊지 않겠습니다.

마지막으로 지난 4년여의 시간 동안 늘 사랑과 격려, 기도로 함께해주신 믿음의 동역자들과 교회의 어려운 상황 속에서도 묵묵히 자리를 지키며 섬겨주신 평촌드림교회 성도들에게 진심으로 감사드립니다. 그 묵묵한 헌신이야말로 하나님께서 가장 기뻐하시는 교회의 모습임을 믿습니다. 그 사랑이 두려움으로 멈춰 있던 저의 발걸음을 뗄 수 있게 한 힘이 되었습니다.

이 모든 나눔을 통해 오직 하나님께만 영광이 되기를 간절히 소원합니다.

조정환 목사

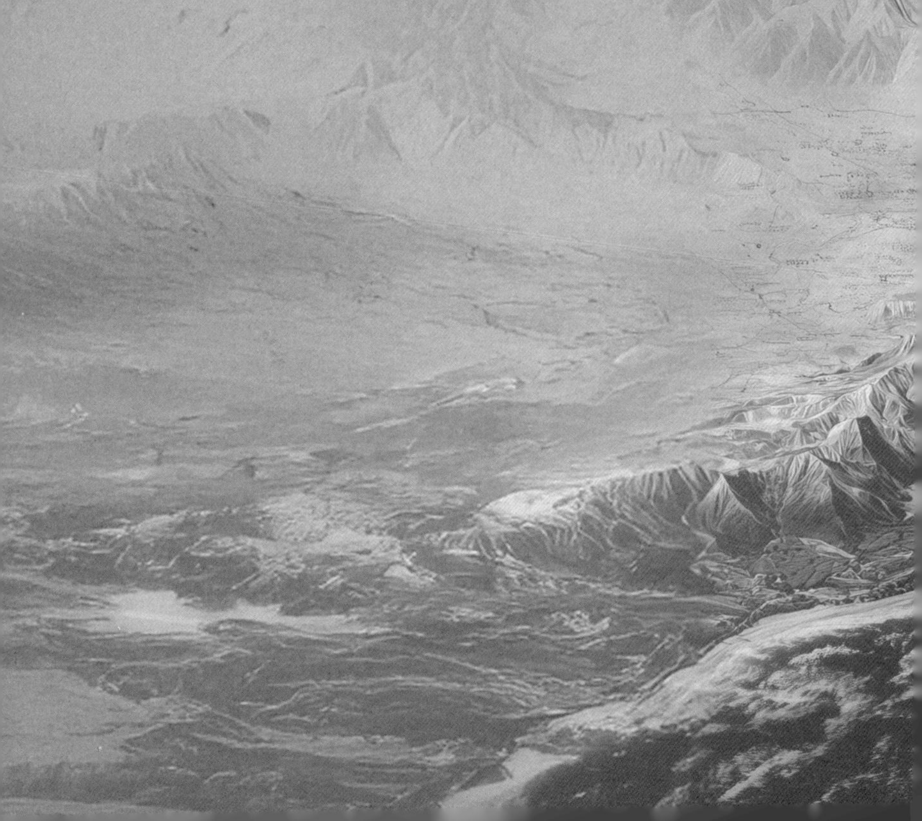

길을 만드신
주님

이사야 43:19

¹⁹ 보라 내가 새 일을 행하리니 이제 나타낼 것이라 너희가 알지 못하

겠느냐 반드시 내가 광야에 길을, 사막에 강을 내리니

chapter 01

하나님의 은혜가 이끈다

언젠가 성도들을 심방하면서 이런 질문을 한 적이 있다.

"나에게 교회란?"

정말 다양하고 재치 있는 답변이 많이 나왔다.

'만남의 광장.'

'친정.'

'영혼의 안식처.'

이런 따뜻한 답변들도 많았고, 자기에게 교회는 한 달에 한 번 가는 곳이기 때문에 '목욕탕'이라고 대답한 사람도 있었고, 교회에 가면 영혼이 건강해지는 것을 알지만 막상 가는 것이 쉽지 않기 때문에 '헬스장' 같다는 재치 있는 대답도 있었다. 이런 키워드 속에는 각자의 삶의 스토리가 담겨 있을 터였다.

나에게 교회는 사랑이 많고, 추억도 많은 곳, 재미있고 행복한 곳이다. 처음 예수님을 믿고 신앙생활을 하면서 얼마나 행복하게 교회를 다녔는지 모른다.

하지만 막상 목회자로 사역을 해나가다 보니, 이런 좋은 이미지보다는 부정적인 상황을 많이 접하게 되었다. 다툼, 분열, 탈선 등 교회의 안타까운 현실을 시시때때로 마주하면서 앞으로 펼쳐지게 될 목회 현장이 두렵게 다가왔다.

두려웠던 첫걸음

우리 교회는 2022년에 분당우리교회에서 분립 개척했다. '일만성도 파송운동'의 열매였다. 나는 이런 목회 환경에서 분립 개척하게 된 게 무척 두려웠다. '개척'이란 길을 피하고 싶기도 했다. 10년간 준비했던 '일만성도 파송운동'을 위해 분립하게 될 교회의 '예비 담임목사'가 되었다는 발표를 들었을 때도 선택받았다는 감사보다 마주하게 될 교회의 현실에 대한 두려움으로 한동안 불면의 밤을 지새워야 했다.

당시 코로나19 팬데믹이 극심한 상황이었는데, 이런 암담한 현실을 뚫고 교회가 제대로 세워질 것 같지 않았다. 특히 분당우리교회라는 든든한 울타리를 떠나야 한다는 게 두려움 그 자체로 다가왔다. 분립 개척을 애써 뒤로 미루고 싶었다.

2021년 7월, 드디어 올 것이 왔다.

교회에서 '분립 개척 예정지'를 제출하라고 했다. 하지만 여전히 너무나 막막한 상황이었다. 함께 개척하게 된 교구 식구들이 과천시, 안양시, 광명시, 군포시, 의왕시, 안산시까지 6개 도시에 넓게 펴져 있어서 적절한 위치를 선정하는 것부터 쉽지 않았다.

그러던 어느 날, 한 성도가 안양에 있는 백영고등학교를 알아보라고 추천해주었다. 위치적으로도 적절해 보였다. 동역자들과 교구 식구들의 기도에 힘입어 떨리는 마음으로 백영고등학교를 찾았다.

"저, 장소 사용 문의를 드리기 위해 왔는데, 어떻게 문의를 드리면 될까요?"

행정실 직원에게 조심스럽게 물어보았다.

"어떤 기관에서 오셨나요?"

"분당에 있는 분당우리교회에서 왔습니다."

"혹시 무슨 행사가 있으신가요?"

나는 한층 더 조심스럽게 대답했다.

"저희 교회에서 이쪽 지역에 분립 개척을 하게 되었는데, 분립 개척하는 교회가 학교에서 예배를 드릴 수 있을지, 문의를 드리고 싶습니다."

이 말을 마치자마자 사무실 한쪽 편에서 누군가 큰소리로 호통을 쳤다.

"내가 저런 사람 많이 봤는데, 저런 사람은 다 사기꾼이야! 교회가 학교에 온다고? 그거 학교 이용하고 사기 치려고 오는 거야!"

그 순간 얼마나 부끄럽고 민망했는지 모른다. 도망치듯 학교를 나와 교회로 돌아오는 내내 심장이 쿵쾅거리고 정신이 하나도 없었다. 어깨가 축 처진 채로 사무실로 들어서는 나를 보고 곁에 있던 목사님들이 걱정의 눈빛으로 무슨 일이 있었는지를 물었다. 그러고는 자신의 일처럼 안타까워하며 백영고와 연결할 수 있는 관계자가 있는지 수소문해주기 시작했다.

각자 자신에게 당면한 사역을 준비할 시간도 부족할 텐데, 서로 자기 시간을 내서 도움을 주고 헌신해주는 모습이 내게 얼마나 큰 격려와 위로로 다가왔는지 모른다.

각각 자기 일을 돌볼뿐더러 또한 각각 다른 사람들의 일을 돌보아 나의 기쁨을 충만하게 하라 너희 안에 이 마음을 품으라 곧 그리스도 예수의 마음이니 빌 2:4,5

동시에 그 장면이 앞으로 세워가야 할 교회의 모습으로 다가왔다. 각자 자기 일을 돌볼 뿐 아니라 다른 사람의 일을 돌보라는 주님의 명령과 격려가 들려오는 것 같았다.

오해 뒤에 숨겨져 있던 예비하심

드디어, 학교 관계자와 연결되었다. 얼마 후에 그렇게 연결된

학교 관계자와 만나게 되었는데, 지난번에 내게 큰소리를 냈던 그 분이었다. 나는 잔뜩 긴장했다.

그 분은 여전히 냉랭했다. 악수를 청한 손이 무안할 정도로 인사조차 받아주지 않았다. 냉랭한 분위기 속에서 그 분이 말을 꺼냈다.

"제가 지난번에 목사님 들으라고 큰 소리를 냈는데, 들으셨죠? 그런데 왜 또 오셨어요?"

너무나 차가운 질문에 뭐라고 답해야 할지, 앞이 깜깜해졌다. 내가 대답을 못 하고 머뭇거리자 그 분이 다시 물으셨다.

"왜 학교에다 교회를 개척하려는 거예요?"

그때 나는 툭 이렇게 답했다.

"제가 속한 분당우리교회는 건물 없이 학교에서 19년간 예배를 드렸습니다. 저는 앞으로 이 지역에 분립하게 될 교회가 분당우리교회의 모습을 따라 세워질 수 있기를 기도하고 있습니다. 그리고 그런 학교를 찾다가 백영고등학교를 추천받아 오게 되었습니다."

너무 긴장한 나머지 더듬더듬 대답하는 내 모습이 딱했는지, 아니면 내 대답에 오해가 풀렸는지, 학교 관계자의 표정이 좀 누그러지는 것 같았다. 나중에 알게 되었는데, 내가 학교를 방문하기 전에 이상한 목사들이 와서 학교 업무에 방해가 될 정도로 소란을 피운 일이 있었다고 한다. "하나님께 계시를 받고 왔다,

학교를 하나님께 바쳐라"라는 말도 안 되는 이야기를 하며 소동을 일으켰다는 것이다.

하필 그런 일이 있은 지 얼마 안 되어 내가 방문했으니, 나도 그런 목사 중에 하나라고 생각한 것이다.

그러고 나서 아주 놀라운 이야기를 들었다. 미션스쿨인 백영고등학교는 학생들이 예배드릴 수 있는 공간을 위해 오래 기도해왔는데, 내가 방문했던 바로 그해에 예배 공간으로 사용할 강당 공사가 시작되었다는 것이다. 그러면서 "저런 사람은 다 사기꾼이야"라고 소리까지 치셨던 분이 건강한 교회와 건강한 목회자를 향한 소망과 기대를 여전히 가진 채 아이들이 예배하게 될 공간을 말씀하시며 눈시울을 붉히시는 게 아닌가. 정말이지, 단단한 오해 뒤에 감춰진 하나님의 예비하심을 엿볼 수 있는 은혜의 순간이었다.

그 분과의 만남을 마치고 돌아오는 길에 나는 두 가지를 다짐했다. 하나는 하나님께서 앞서 행하심을 신뢰하자는 것이다. 교회는 내 열심이 세우는 것이 아니라 하나님께서 세우시는 것이다. 나는 이날의 경험으로 그 사실을 몸소 깨달았다. 내 눈에는 길이 보이지 않았지만, 하나님은 이미 길을 내고 계셨다.

다른 하나는 정도를 걷자는 것이다. 배운 대로 살고, 말한 대로 살자는 다짐을 수도 없이 되뇌었다. 이것이 결정적인 순간에 얼마나 중요한 역할을 하는지 생생한 교훈으로 다가왔기 때문이다. 학교 관계자의 오해를 푼 것은 나의 언변이나 잘 짜인 목회 계획서가 아니었다. 분당우리교회에서 사역하며 이찬수 목사님에게 배운 대로 교회를 세우고자 한다는 나의 소박한 고백을 하나님이 사용해주신 덕분이었다.

현실이 아닌 약속을 붙잡으라

어느덧 개척이 코앞으로 다가왔다. 두 달도 남지 않았다. 하나님의 인도하심과 은혜를 확신하면서도, 현실적인 문제 앞에서 무엇을 어떻게 하는 것이 하나님께서 기뻐하시는 것인지 확신하지 못한 채 여전히 헤매고 있었다.

개척 멤버들과도 하나님이 기뻐하시는 교회가 세워지길 바란다는 총론에서는 이견이 없었지만, 각론으로 들어가 실제적인 이야기를 나누어보자 서로 다른 생각과 마음들이 있다는 것을 보게 되었다.

어떤 사람은 기도하고 있는 대로 학교에 들어가길 원하고, 또 다른 사람은 언제든 편하게 찾아갈 수 있는 교회를 원한다고 했다. 조용한 스타일의 예배를 사모한다고 조심스럽게 나누는 사람이 있는가 하면, 뜨겁게 찬양하고 기도하는 예배를 사모한다고 얘기하는 사람도 있었다. 찬양대를 구성하지 말자는 사람도 있고, 있어야 한다는 사람도 있었다.

교회 개척을 앞두고 각자가 꿈꿨던 교회에 대한 기대감들이 있다 보니, 한 마음이 되어 하나님이 기뻐하시는 교회를 세워가는 것이 정말 막막하기만 했다. 설상가상으로 백영고등학교에서는 아직 연락이 없었다.

답답한 중에 어느 기도 모임 때 웅변하듯 큰 소리로 말씀을 전했다.

"눈앞에 있는 현실을 하나님의 약속으로 해석하고 바라보자!"

모임이 끝나고 전도사님이 "목사님, 평소보다 힘주어 설교하시는 것 같았습니다"라고 했다. 맞다. 힘을 좀 줬다. 두려웠기 때문이다. 이것은 나 자신을 향한 선포이기도 했다.

백영고등학교와 처음 연결됐을 때만 해도 "어떻게 이런 곳을 만날 수 있었을까? 이곳은 약속의 땅입니다!"라고 선포하고 "아멘 할렐루야"를 외쳤다. 그러나 시간이 흐를수록 확신은 옅어지고 불안이 올라왔다. 그래서인지 눈앞에 닥친 현실을 직시할 때마다 '분당우리교회 부목사로 있는 것이 더 좋았는데…'라는 생각이 문득문득 들었다. 그런 나를 향해 '눈앞의 현실을 보지 말고 하나님의 약속으로 해석하고 붙잡자'라고 선언한 것이다.

기도와 숙성의 시간

그러다 신명기에서 이 말씀을 발견했다.

네 아버지에게 물으라 그가 네게 설명할 것이요 네 어른들에게 물으라 그들이 네게 말하리로다 신 32:7

이 말씀을 보는 순간, 너무 신기하면서도 마음에 와닿았다. 그리고 내게 주신 아버지이자 어른이신 이찬수 목사님이 떠올랐다. 개척을 준비하면서 분당우리교회 개척기가 담긴 이찬수 목사님의 《세상에 없는 것》(생명의말씀사)이란 책을 정말 많이 읽었는데, 분당우리교회가 지금의 예배 처소인 송림고등학교에 들어갈 때도 우리와 비슷한 과정을 겪었다. 송림고등학교의 결정을 4개월이나 기다려야 했던 과정에서 이찬수 목사님이 겪었던 진솔한 나눔을 보며 얼마나 위로를 받았는지 모른다. 그 과정에서 목사님이 보여주신 태도를 하나님이 나에게도 요청하시는 것 같았다. 그 책에 이런 고백이 있다.

"학교 측에서도 그만한 사정이 있었겠지만, 처벌을 기다리듯 목을 매고 있는 우리 입장에서는 정말 피를 말리는 일이었다. 하도 답답해서 전화를 하면 '여러 가지 고려 사항이 많아 결정이 늦어진다. 너무 조급해 말고 기다려 달라'는 말뿐이었다. 다시 슬슬 불안감이 고개를 쳐들었다. 개척 시한은 임박했고 멤버들도 지쳐 가는 듯했다. (중략) 송림이 결정 난 이후 나는 두 가지를 깨달았다. 하나님이 주신 비전에는 두 가지 통과 장치가 있다. 하나는 자기 욕심을 채우기 위해 무리수를 쓰거나 억지를 부리지 않는 것이요, 또 하나는 기다림의 테스트다. 이 모든 과정은 기도와 숙성의 시간이었다.”

처음 백영고등학교에 찾아갔을 때 “저런 사람은 다 사기꾼이야”란 말까지 듣고 쫓기듯 교회로 돌아왔는데, 그 후로 다시 학교 관계자와 연결이 되고 이후에 진행되어가는 일들은 그야말로 하나님의 은혜로밖에 설명할 수 없었기에, 하나님께 감사드리며 지내왔다.

그런데 4개월이 지나도록 결정이 나지 않자 불안해지기 시작했다. 급기야 개척이 40여 일밖에 남지 않은 상황인데도 학교에서는 아직 답이 없었다. 송림고등학교의 결정을 기다리며 속이 타들어가고 피가 마르는 것 같았다고 하신 이찬수 목사님의 고백처럼, 나도 하루하루 피가 마르고 속이 타들어갔다. 내 믿음과 인내의 한계가 슬슬 드러나기 시작했고, 함께하는 개척 멤버들도 조금씩 지쳐가는 것 같았다.

‘하나님, 좀 도와주십시오. 언제까지 이렇게 기다려야 합니까? 벌써 7개월째 이러고 있습니다.’

이런 내게 이찬수 목사님의 기록과 목사님이 믿음으로 취하고 해석하신 묵상은 붙잡아야 할 지침이 되었다. 이런 상황에서도 무리수를 쓰거나 억지를 부리지 않는 것, 기다림의 테스트를 믿음으로 통과하는 것, 그것이 지금 내가 할 일이었다.

말 그대로 피를 말리는 것 같은 하루하루를 보내며 힘들 때마다 이 책을 꺼내 들고 하나님의 섭리와 '일만성도 파송운동'의 목적을 되새기며 은혜를 구했다. 그러면서 내 기도가 바뀌기 시작했다.

"좋은 장소에 들어가는 것이 목표가 되지 않게 하시고, 좋은 교회를 세워가겠다는 목적을 잃어버리지 않게 하소서."

장소에 너무 목매는 나를 향해 주시는 하나님의 마음 같았다.

인도하신 은혜를 기억할 때 나아갈 길이 보인다

드디어 백영고등학교 교장 선생님과 만나게 되었다. 약속 장소로 향할 때만 해도 교장 선생님의 옷자락이라도 붙잡고 간절히 매달리고 싶은 심정이었다. 그러다 문득 이 시간에도 기도하고 계실 성도들의 모습이 떠오르면서 정신이 번쩍 들었다. 우리가 그토록 간절히 기도했던 것은 단순히 '학교'라는 장소를 얻기 위함이 아니라 건강한 교회를 세우기 위함이었다.

동시에 이찬수 목사님의 고백이 떠올랐다.

'이 치열한 기다림은 하나님이 기뻐하시는 교회를 세우기 위해 하나님의 은혜와 도움이 전적으로 필요하다는 사실을 깨닫는, 인내와 숙성의 과정이었다.'

그러자 조급했던 마음 대신 평안이 밀려왔다. 교장 선생님을 만나 최대한 예의를 갖춰서 이렇게 말씀드렸다.

"교장 선생님, 저희는 백영고등학교와 평촌드림교회가 아름다운 상생의 관계가 되길 기도하고 있습니다. 형식상으로는 계약 관계이지만, 영적으로는 서로가 잘 될 수 있기를 바라는 좋은 관계가 되기를 꿈꾸고 있습니다.

저희는 매일 아침저녁으로 기도하고 있습니다. 단순히 이곳에 들어오기 위해서가 아니라 평촌드림교회가 건강한 교회로 세워지기 위해서입니다. 좋은 장소를 구하는 것은 저희가 바라는 하나의 목표이지만, 좋은 교회, 건강한 교회가 되는 것은 절대 놓쳐서는 안 될 저희의 목적입니다. 그렇기에 만약 학교 측에서 저희 교회를 받아들이는 데 어려움이 있으시다면 다른 대안을 찾을 수 있도록 솔직하게 알려주시길 부탁드립니다."

교장 선생님은 잠시 생각에 잠기시는 듯하더니, 곧 뜻밖의 대답을 하셨다.

"목사님, 건강한 교회를 세우려면 성도들의 피땀 어린 헌금이 장소를 유지하는 데 대부분 사용되면 안 되겠지요? 그보다 더 가치 있는 곳에 사용되어야 할 텐데요. 교회가 자립하기까지 얼마나 치열한 과정이 필요한지 너무 잘 알고 있기에 학교에서도 힘이 될 방법을 깊이 고민하겠습니다.

목사님, 이제 너무 마음 졸이지 마시죠. 누군가 평촌드림교회가 어디에 세워지느냐고 묻거든 '백영고등학교'라고 말씀하셔도 됩니다. 학교는 이미 교회와 함께 걸어갈 길을 준비하고 있습니다. 다음 주 교직원 연수회 자리에서 학교와 교회가 함께 같은 꿈을 꾸며 나아갈 것을 공식적으로 선포할 계획이니, 교회에서도 함께 기도 부탁드립니다.”

할렐루야! 그 말씀을 듣는 순간 가슴 속에서 뜨거운 감사가 터져나왔다. 사실 내 본심과 달리 “만약 학교에서 어려우시다면 다른 대안을 찾겠다”라고 툭 내뱉어버린 말을 주워 담지 못해서 순간적으로 얼마나 가슴 졸였는지 모른다. 그런 내게 교장 선생님의 확답은 말할 수 없는 격려와 위로가 되었다. 눈물이 왈칵 쏟아질 것 같았다.

좋은 장소에서 교회를 세우고 싶다는 마음을 누르고, 오직 좋은 교회를 세워가기만을 소망하게 된 변화, 그 변화에 부어주신 하나님의 은혜라는 생각이 들었다. 그리고 그 변화는, 이미 먼저 그 길을 걸었던 분당우리교회의 발자취가 있었기 때문이다. 그 발자취를 따라 역사하신 하나님을 돌아보니 우리가 가야 할 길이 보였기 때문에 가능할 수 있었다. 지나온 길에 부어주신 하나님의 손길을 기억할 때, 앞으로 나아가야 할 길이 보인다. 하나님은 장소를 확정해주시기 전에 먼저 나와 성도들의 마음이 준비되기를 기다리셨다. 우리 마음의 소원은 뒤로 하고 하나님의 이끄심에 집중하자 막힌 담을 뚫고 길을 여시는 하나님이 보였다.

42 그들이 사도의 가르침을 받아 서로 교제하고 떡을 떼며 오로지 기도하기를 힘쓰니라 43 사람마다 두려워하는데 사도들로 말미암아 기사와 표적이 많이 나타나니 44 믿는 사람이 다 함께 있어 모든 물건을 서로 통용하고 45 또 재산과 소유를 팔아 각 사람의 필요를 따라 나눠 주며 46 날마다 마음을 같이하여 성전에 모이기를 힘쓰고 집에서 떡을 떼며 기쁨과 순전한 마음으로 음식을 먹고 47 하나님을 찬미하며 또 온 백성에게 칭송을 받으니 주께서 구원 받는 사람을 날마다 더하게 하시니라

chapter 02

깊은 맛은 사랑에서 나온다

월요일이면 종종 가는 식당이 있다. 베트남 쌀국수집인데, 아내가 이곳을 정말 좋아한다. 차로 40~50분 이상 가야 하는 곳이다 보니, 가까운 곳으로 가자고 해도 아내는 꼭 그곳으로 가자고 한다. 국물에서 우러나는 맛의 깊이가 다르다는 이유다. 그 집이 다른 집보다 깊은 맛이 난다는 것이다. 아내의 찬사를 들으며 반복해서 먹다 보니, 뭐든 맛있게 잘 먹는 내 입맛에도 그 집 쌀국수의 깊은 맛이 느껴졌다.

네 마음을 다오!

쌀국수에도 얕은 맛과 깊은 맛이 있듯, 교회도 마찬가지다. 겉모습은 비슷해 보여도 얕은 교회가 있고 깊은 교회가 있다. 그 깊이의 차이를 만들어내는 기준이 무엇일까? 예수님은 이에 대해 명쾌하게 말씀하셨다.

또 마음을 다하고 지혜를 다하고 힘을 다하여 하나님을 사랑하는 것
과 또 이웃을 자기 자신과 같이 사랑하는 것이 전체로 드리는 모든 번
제물과 기타 제물보다 나으니이다 막 12:33

원리는 단순하다. 하나님을 향한 사랑으로 시작하면 된다.
바로 여기에서 승부가 난다. 깊은 맛과 얕은 맛의 차이가 여기
에서 결정된다. 진짜와 가짜가 여기에서 결정된다.

이스라엘아 네 하나님 여호와께서 네게 요구하시는 것이 무엇이냐
곧 네 하나님 여호와를 경외하여 그의 모든 도를 행하고 그를 사랑
하며 마음을 다하고 뜻을 다하여 네 하나님 여호와를 섬기고
신 10:12

신명기 말씀을 묵상하며, 하나님께서 분립 개척을 앞둔 우리
에게 끊임없이 요청하시는 한마디가 있음을 깨닫는다.
'네 마음을 다오! 모든 과정마다 네 마음을 내게 다오!'
준비해야 할 수많은 일에 마음이 온통 쏠려 있는 나에게 주시
는 하나님의 음성 같았다.

신명기는 가나안 입성을 앞둔 이스라엘 백성에게 지나온 광야
40년의 세월을 회고하면서 전한 세 편의 설교 모음집이다. 신명

기를 기록한 중요한 목적 중 하나는 출애굽 1세대가 경험했던 하나님의 은혜를 다음세대에게 온전히 전수하는 데 있다. 그러다 보니 신명기에는 '기억하라'는 동사가 무려 10회 이상, '마음을 다하라'라는 표현이 7회 이상 반복해서 등장한다.

> 그러나 네가 거기서 네 하나님 여호와를 찾게 되리니 만일 마음을 다하고 뜻을 다하여 그를 찾으면 만나리라 신 4:29

> 너는 마음을 다하고 뜻을 다하고 힘을 다하여 네 하나님 여호와를 사랑하라 신 6:5

건강한 교회, 깊은 맛을 내는 진짜 좋은 교회가 되기 위해서는 반드시 하나님의 은혜를 기억해야 한다. 그리고 하나님께 마음을 다해야 한다. 이 우선순위를 놓치면 안 된다는 것을 명심해야 한다.

너무 큰 사랑 때문에

가끔 성도들이 내게 이런 질문을 하곤 한다.
"목사님은 어떻게 해서 목회자가 되셨어요?"
단순하다. 하나님께 받은 사랑으로 시작했다. 하나님이 너무 좋았다. 고등학교 시절, 수련회에 참석하면 자율학습에 참석한 것으로 해주겠다는 선생님의 권유에 이끌려 교회에 갔다가 하나님의 음성을 듣는 경험을 했다. 하나님의 사랑을 경험하게 된 것이다.

하나님께 받은 사랑이 너무 감격스러웠다. 꿈속에서조차 하나님을 예배하고 싶어서 예배 실황 테이프를 틀어놓고 말씀을 들으며 잠자리에 들곤 했다. 친구들이 만화책을 볼 때, 나는 다 이해하지도 못하면서 성경책을 붙들고 살았다. 하나님을 너무너무 알고 싶었다. 하나님께 받은 사랑이 커서 어떻게든 보은하는 삶을 살고 싶었다. 그것이 내가 신학교에 입학한 이유였다. 처음부터 목사가 되려던 것이 아니라, 그저 하나님이 좋아 신학의 길에 들어선 것이다.

이후 하나님께서는 신비로울 정도로 귀한 영적 지도자들을 만나게 하셨다. 사랑의교회 시절 만난 조칠수 목사님(하나사랑의교회)을 시작으로 지구촌교회 이동원 목사님, 안산동산교회 김인중 목사님, 그리고 분당우리교회 이찬수 목사님까지. 한국교회의 너무나 귀한 어른들을 만나서 하나님 은혜에 보은하는 삶이 무엇인지 가까이에서 보고 배울 수 있었다. 워낙 쟁쟁한 분들과 사역을 하는 은혜를 입다 보니, 신대원 동기들에게 "조 전도사, 혹시 아버지가 유력한 목사님이셔?"라는 농담 섞인 질문을 받기도 했다.

하지만 우리 집안은 기독교 집안이 아니었다. 심지어 어머니는 내가 신학교에 가겠다고 하니, 가톨릭의 신부처럼 결혼도 못하는 길인 줄 알고 반대하셨을 정도다. 이런 배경에서 자랐지만, 단순하게 하나님을 사랑하는 마음으로 여기까지 오게 되었다.

좋은 지도자들과의 놀라운 만남을 허락하신 것도 하나님의 전적인 은혜라고밖에 설명할 길이 없다. 내 삶에 부어진 놀라운 은혜를 누리다 보니, 내 마음에는 오직 한 가지 질문만 남았다.

'어떻게 하면 하나님께 받은 은혜에 보은하며 살 수 있을까?'

그 빚진 심정이 나를 이끌었고, 그 은혜에 어떻게든 보은하며 살고자 했던 마음이 나를 지탱해왔다.

전략이 아닌 하나님의 인도하심으로

지나온 시간을 복기하다 보니, 하나님의 은혜가 아니고서는 도저히 설명할 길이 없는 일들의 연속이었다. 오직 주님께 받은 사랑이 감사하여 들어서게 된 목회자의 길도, 스물아홉 분립 개척교회의 담임목사 중 한 사람으로 세워진 일, 제비뽑기를 통해 지금의 지역으로 파송 받은 것, 그리고 평촌에 있는지도 몰랐던 백영고등학교와 기적처럼 연결된 것, 함께하게 된 성도들을 만나게 된 것까지 모든 과정 하나하나가 다 내 계획이 아니었다. 오히려 나는 답답할 정도로 너무나 아무 전략이 없었다.

아무런 계획도, 전략도 없이 하나님의 인도하심으로 걸어오게 된 이 모든 과정에서 하나님이 가르쳐주신 것이 있다. 교회는 목사의 탁월한 친화력이나 대인 관계, 똑똑한 머리나 어떤 탁월한 능력으로 세워지는 것이 아니란 것이다.

애매한 순종이 아니라 전적으로 하나님을 의지하고 따르는 태도, 그리고 모든 순간 하나님의 섭리를 신뢰하며 영적 중심을 지켜내는 믿음이 있다면, 하나님이 반드시 길을 여시고 인도해주신다. 교회는 사람이 아니라 하나님이 이끄신다. 평촌드림교회는 이렇게 시작됐다.

신명기에서 볼 수 있는, 광야와 가나안 땅 경계선에 서 있는 이스라엘 백성들의 모습이 바로 개척을 앞둔 우리의 상황 같았다. 우리는 지금 아무도 가보지 않은 길을 만들어가는 중이다. 이 막막한 지점에서 우리는 무엇을 해야 하는가?

답은 명확하다. 각자의 자리에서 내 삶을 여기까지 이끌어오신 하나님의 손길을 기억하는 것, 여기서 시작해야 한다. 지금까지 내가 걸어온 삶의 궤적을 돌아보면 앞으로 나아갈 방향이 보인다. 그리고 '네 마음을 내게 다오'라고 요청하시는 하나님께 우리의 마음을 온전히 드리는 것이다.

네 하나님 여호와께서 네 마음과 네 자손의 마음에 할례를 베푸사 너로 마음을 다하며 뜻을 다하여 네 하나님 여호와를 사랑하게 하사 너로 생명을 얻게 하실 것이며 네 하나님 여호와께서 네 적군과 너를 미워하고 핍박하던 자에게 이 모든 저주를 내리게 하시리니 너는 돌아와 다시 여호와의 말씀을 청종하고 내가 오늘 네게 명령하는 그 모든 명령을 행할 것이라 네가 네 하나님 여호와의 말씀을 청종하여 이 율법책에 기록된 그의 명령과 규례를 지키고 네 마음을 다하며 뜻을 다하여 여호와 네 하나님께 돌아오면 네 하나님 여호와께서 네 손으로 하는 모든 일과 네 몸의 소생과 네 가축의 새끼와 네 토지 소산을 많게 하시고 네게 복을 주시되 곧 여호와께서 네 조상들을 기뻐하신 것과 같이 너를 다시 기뻐하사 네게 복을 주시리라 신 30:6-9

사실, 여전히 두렵다. 당장 무엇을 어떻게 해야 할지 몰라 막막할 때가 많다. 그러나 계속 하나님을 의지하며 하나님께 마음을 온전히 드릴 때, 하나님께서 나아갈 길을 보여주실 것이라 믿는다. 그래서 나는 날마다 내 계획을 내려놓고 하나님께 기도한다.

"하나님, 사랑합니다. 오직 하나님만을 의지합니다. 하나님을 사랑하는 교회가 되게 해주옵소서. 우리 성도들이 하나님을 더 사랑하고 교회를 사랑할 수 있도록 저를 도구로 사용해주옵소서. 이 모든 과정이 그런 은혜를 경험하는 발걸음이 되도록 도와주옵소서."

앞으로 교회를 세워가고 신앙의 길을 걸어갈 때, 하나하나 마주하는 일들을 헤쳐나갈 때, 어떤 전략보다 하나님을 사랑하는 마음과 하나님께 마음을 다하는 것에서 출발해야 한다. 그럴 때 하나님은 하나님의 일을 행하실 것이며, 우리 모두는 그 하나님의 이끄심을 경험하게 될 것이다! 진짜 교회는 하나님께 마음을 다하는 것으로부터 시작된다는 사실을 잊지 말자.

교회의 가장 중요한 본질, 말씀

그러면 그렇게 하나님을 향한 사랑으로 시작된 교회는 어떤 모습을 향해 나아가야 하는가? 어떤 교회가 교회다운 교회인가?

사도행전 2장 42-47절 말씀은 교회가 가장 교회다웠던 때, 교회가 가장 아름다웠던 때의 모습을 보여준다. 그래서 교회 개척을 앞두고 정말 많이 묵상했던 말씀이다. 특히 요즘같이 사회적으로, 교회 내부적으로 교회가 어떻게 교회다움을 지켜나갈 것인가에 대한 고민이 커지는 때에, 교회가 어떻게 시작되었는지를 더 세밀히 살펴볼 필요가 있다.

그들이 사도의 가르침을 받아 서로 교제하고 떡을 떼며 오로지 기도하기를 힘쓰니라 행 2:42

사도들은 '하나님의 말씀'을 가르쳤고, 그 내용은 바로 '예수 그리스도'였다. 바로 앞에 나오는 베드로의 설교를 보면 이렇다.

그런즉 이스라엘 온 집은 확실히 알지니 너희가 십자가에 못 박은 이 예수를 하나님이 주와 그리스도가 되게 하셨느니라 하니라 행 2:36

초대교회의 부흥과 하나님 역사의 비결은 다른 데 있지 않았다. 하나님의 말씀을 통해서 예수 그리스도를 듣고 배우는 것, 이것이 교회가 붙잡아야 할 가장 중요한 본질이며, 교회의 부흥의 열쇠다.

교회 개척을 준비하다 보니 수많은 결정을 내려야 했다. 장소, 계약, 교역자 선발, 인테리어, 봉사자 세우기 등 어느 하나 가볍게 여길 수 있는 게 없었다. 그런데 문득 이런 생각이 들었다.
'교회 하나 세우는 데 왜 이렇게 필요한 일들이 많을까? 이 모든 것이 교회에 정말 꼭 필요한 것일까? 이런 것이 없으면 교회는 세워질 수 없을까?'
평소 같으면 '물론 그렇지 않다. 그런 것 없이도 교회는 된다'라고 답했을 것이다. 하지만 실제로 개척을 앞둔 상황이다 보니 그 말을 자신 있게 하기가 어려웠다. 신경 써야 할 것들이 많아지다 보니 오히려 시야는 점점 좁아지고, 마음은 조급해져 두려움과 긴장된 마음으로 지냈던 것 같다.

그때 교회 차원에서 '그리스도 중심 성경 읽기'가 선포되었다. 예수님 중심으로 하나님의 말씀을 읽는 것인데, 이것은 하나님께서 나에게 주신 메시지였다. 여호수아가 전쟁을 앞두고 들었던 말씀처럼 말이다.

> 이 율법책을 네 입에서 떠나지 말게 하며 주야로 그것을 묵상하여 그 안에 기록된 대로 다 지켜 행하라 그리하면 네 길이 평탄하게 될 것이며 네가 형통하리라 수 1:8

여호수아가 이 말씀을 들었을 때, 어떤 상황이었는가? 거인과 같은 가나안 족속과의 전쟁을 앞둔 때였다. 목숨을 걸고 요단강을 건너야 하는 상황이었다. 그런 상황에서 하나님은 "이 율법책을 네 입에서 떠나지 말게 하며 주야로 그것을 묵상하여 그 안에 기록된 대로 다 지켜 행하라"라고 말씀하신 것이다.

교회 개척을 앞둔 우리의 상황 속에서도 하나님은 동일하게 말씀하셨다. 개척을 준비한다고 이것저것 정신없이 시간을 보내는 것이 과연 옳은가? 오히려 이럴 때일수록 말씀 앞에 머물러야 하는 것 아닌가? 하나님은 나에게 묻고 계셨다.

교회를 세우는 데 있어서 하나님의 말씀을 붙잡는 것보다 중요한 것이 무엇이 있을까? 하나님의 말씀을 붙잡고, 그 말씀을 통해 깨닫게 하시는 그리스도의 은혜들을 우리 안에 채워가는 것이 아름다운 교회를 세워가는 원동력이 될 것이다.

교회는 기도로 세워진다

사도행전 2장 42절을 다시 보자.

그들이 사도의 가르침을 받아 서로 교제하고 떡을 떼며 오로지 기도하기를 힘쓰니라 행 2:42

부활하신 예수님은 40일간 제자들과 함께하셨고, 오순절 초대교회가 탄생하기까지 제자들은 약 10일 동안 사도의 가르침을 받으며 말씀과 그리스도를 깨닫게 되는 은혜를 누렸다. 그리고 오로지 기도하기에 힘썼다.

사도행전 1장 14절에서도 보면 "여자들과 예수의 어머니 마리아와 예수의 아우들과 더불어 마음을 같이하여 오로지 기도에 힘쓰더라"라고 했다. 예수님이 부활하시고 승천하신 직후부터 교회가 멈추지 않고 끊임없이 했던 것은 '오로지 기도에 힘쓰는 것'이었다.

이처럼 초대교회는 기도로 시작되었고, 기도로 세워졌다. 맥스 루케이도(Max Lucado) 목사가 했던 말이 참 인상적이다.

"교회는 10일 동안 기도했다. 그리고 베드로는 3분간 설교했다. 그래서 3천 명의 수확을 거두었다. 그런데 오늘날 우리는 그 숫자를 거꾸로 적용한다. 우리는 3분간 기도하고, 10일간 설교하는 경향이 있다."

사도행전에 기록된 초대교회는 기도로 출발했다. 영혼들이 회심하고 주님 앞에 바로 세워질 수 있었던 이면에는 기도가 있었다.

이제 우리가 세워가야 할 교회는 어떻게 세워져야 하는가? 수많은 방법론이 있다. 모두 중요한 내용이다. 하지만 그 모든 것보다 먼저 붙잡아야 할 것은 기도다. 오로지 기도에 힘쓰는 공동체가 되었으면 좋겠다.

주목할 점은, 초대교회가 어느 한 명의 특출난 지도자에 의해 주도되지 않았다는 사실이다. 남녀노소 지위 고하를 막론하고 "그들이 다같이 한 곳에" 모여서 기도에 전념했다.

오순절 날이 이미 이르매 그들이 다같이 한 곳에 모였더니 행 2:1

나는 이 말씀에 순종하려는 몸부림으로 '한 줄 릴레이 기도'를 시작했다. 감사하게도 대부분의 성도들이 참여해 같은 마음으로 기도에 힘썼다.

예수님이 승천하시기 전의 제자들의 모습과 승천하신 후의 제자들의 모습을 비교해볼 때 두드러진 변화는, 그들이 문제 앞에 설 때마다 기도했다는 점이다. 그리고 이러한 기도 끝에 하나됨을 이룰 수 있는 은혜가 부어졌다.

공동체에 맺힌 기도의 열매

그렇게 모일 때마다 기도했던 그 기도의 열매는 어떠했을까?

믿는 사람이 다 함께 있어 모든 물건을 서로 통용하고 또 재산과 소유를 팔아 각 사람의 필요를 따라 나눠주며 날마다 마음을 같이하여 성전에 모이기를 힘쓰고 집에서 떡을 떼며 기쁨과 순전한 마음으로 음식을 먹고 하나님을 찬미하며 또 온 백성에게 칭송을 받으니 주께서 구원 받는 사람을 날마다 더하게 하시니라 행 2:44-47

우리가 꿈꾸는 교회의 모습 아닌가? 누가 그렇게 하라고 가르치지도 않았는데, 그들은 서로가 서로의 필요를 돌아보고 날마다 마음을 같이하여 성전에 모이기를 힘썼다. 교회에 와서 예배를 드리고 함께 삶을 나누었다. 날마다 그렇게 했다. 이 모습은 '사도의 가르침을 받아' 말씀을 붙잡고 오로지 기도에 힘썼을 때 주어진 열매였다.

기도의 사람 E. M. 바운즈는 《기도에 네 인생이 달렸다》에서 이렇게 말했다.

"기도는 모든 성도들의 고유한 특징이다. 기도가 바로 능력의 비밀이다. 인간에게는 인간 외부로부터 오는 도움이 절실히 필요하다. 언제나 적절하고 올바르고 참되게 판단하는 능력과 황금률을 따라 살아갈 능력이 인간에게는 본성적으로 결여되어 있기 때문에, 그리스도께서는 이 모든 것을 하나님의 뜻을 따라 행할 수 있도록 '기도'를 명하신다. 기도를 통해서 우리는 사랑의 법을 느끼고, 사랑의 법을 따라 말하며, 그 사랑의 법을 따라 모든 것을 행하는 능력을 얻는다."

성경 다른 여러 곳에서도 이런 기도의 원리를 찾을 수 있다.

소망 중에 즐거워하며 환난 중에 참으며 기도에 항상 힘쓰며 성도들의 쓸 것을 공급하며 손 대접하기를 힘쓰라 롬 12:12,13

만물의 마지막이 가까이 왔으니 그러므로 너희는 정신을 차리고 근신하여 기도하라 무엇보다도 뜨겁게 서로 사랑할지니 사랑은 허다한 죄를 덮느니라 벧전 4:7,8

우리는 건강한 교회, 건강한 신앙을 꿈꾼다. 그러나 우리의 힘으로 할 수 없다. 하나님이 부어주시는 은혜가 필요하다. 하나님을 향한 전심 어린 사랑으로 시작했다면, 이제 그 사랑은 기도를 통해 서로를 향해 흘러야 한다. 그리고 사도행전의 가르침에 순종하여 다른 분주한 것들을 내려놓고 오로지 기도에 힘쓰는 것이 우리가 할 일이다.

37 그들이 이 말을 듣고 마음에 찔려 베드로와 다른 사도들에게 물어 이르되 형제들아 우리가 어찌할꼬 하거늘 38 베드로가 이르되 너희가 회개하여 각각 예수 그리스도의 이름으로 세례를 받고 죄 사함을 받으라 그리하면 성령의 선물을 받으리니 39 이 약속은 너희와 너희 자녀와 모든 먼 데 사람 곧 주 우리 하나님이 얼마든지 부르시는 자들에게 하신 것이라 하고 40 또 여러 말로 확증하며 권하여 이르되 너희가 이 패역한 세대에서 구원을 받으라 하니 41 그 말을 받은 사람들은 세례를 받으매 이 날에 신도의 수가 삼천이나 더하더라 42 그들이 사도의 가르침을 받아 서로 교제하고 떡을 떼며 오로지 기도하기를 힘쓰니라

chapter 03

성령의 선물을 받으라

2022년 부활절 아침, 긴 인내와 성숙의 시간을 지나 드디어 평촌드림교회의 첫 예배가 드려졌다. 사실 많이 두려웠다. 일주일 내내 잠도 제대로 이루지 못한 채 긴장된 마음으로 첫 예배를 드렸다.

그러다 보니 얼마나 정신없이 하루가 지나갔는지 모른다. 분당우리교회에서 오랜 시간 예배를 담당했기에 눈을 감고도 줄줄 외울 수 있었던 사회자 멘트도 생각이 안 나고, 미리 써온 기도문도 눈에 들어오지 않았다. 일주일 내내 특별새벽예배를 섬겨도 목이 잘 쉬지 않았는데, 첫 예배를 마치자 목이 쉬어버렸다.

첫 예배를 드리기 며칠 전에 아내가 꿈을 꿨는데, 글쎄 꿈속에서 첫 예배 자리에 열 명만 와서 앉아 있었다는 게 아닌가. 게다가 그 열 명이 다 마스크를 쓰고 앉아서 설교하는 나를 째려보고 있더란다. 그러잖아도 너무 긴장되고 떨려서 제대로 잠 못

이루고 있었는데, 그런 꿈 이야기를 들으니 도무지 잠을 잘 수 없었다. 마음이 너무 위축되고 두려움이 가득 찼다.

그렇게 두려움으로 맞은 새벽에 주님이 내 마음을 만지셨다. 그러면서 '초대교회의 시작도 똑같았다'라는 마음을 주셨다. 나는 예수님이 부활하셨던 그 새벽, 제자들의 마음도 나와 다르지 않았다는 걸 깨달았다.

예수님이 부활하셨던 그날, 제자들의 상태가 어땠는가? 예수님이 십자가에 달려 돌아가시자 제자들은 뿔뿔이 흩어졌다. 스승을 부인하고, 외면하고, 무서워서 도망쳤던 그들은 절망과 죄책감, 두려움으로 가득한 부활절 아침을 맞았을 것이다. 더 이상 소망이 없다는 좌절의 아침이었을 것이다.

그렇게 시작된 교회였는데, 그 후로 어떤 일이 일어났는가? 기도와 말씀에 전념했을 때, 오순절 다락방의 성령 충만의 역사를 체험하고 놀라울 정도로 힘있게 초대교회가 열매를 맺어가지 않았는가?

그래서 십자가의 모든 과정은 절망이 아니라 '다시 소망'이다. 그 소망으로 첫 예배를 준비할 수 있다는 것이 얼마나 감사했는지 모른다. 교회 개척을 앞두고 내 마음에 가득했던 두려움과 긴장이 부활의 소망으로 채워지기 시작했다.

두려움과 소망이 교차하던 첫 예배, 예상하지 못했던 분들이 많이 와주셨다. 정말 놀랐고, 정말 감사했다. 그런데 방문 카드에 연락처를 기록해주신 분들과 메시지를 주고 받으며 더 놀랐다. 그날 와주신 분들 중에 많은 분이 상처를 받고 교회를 떠났던 분들이었기 때문이다. 교회를 떠난 지 벌써 5,6년이 지났는데, '이번이 마지막'이라는 심정으로 참석하셨다는 분도 계셨다.

상황이 이렇다 보니, 단순히 많은 성도가 찾아와주었다는 기쁨보다는 막연하게 듣기만 했던 한국교회의 아픈 현실을 직면한 것 같아서 가슴이 저릿했다. 무거운 마음으로 한 주를 보내며 내 머릿속에선 두 가지 상황이 계속 맴돌았다.

하나는 개척을 앞두고 이찬수 목사님에게서 받았던 강도 높은 훈련의 시간들이었다. 그때 이찬수 목사님이 하셨던 말씀들이 많이 생각났다. 어느 날, 이찬수 목사님이 스물아홉 명의 예비 담임목사들을 모아놓고 "이제부터 당신들은 사관학교에 입소한 것이다. 분립하는 날까지 나는 빨간 모자를 쓴 조교가 될 것"이라고 선포하셨다. 그러고는 실제로 '내가 목사로 살아가는 것이 맞나?' 하는 자괴감이 들 만큼, 힘든 훈련이 펼쳐졌다.

왜 이렇게까지 힘들게 훈련해야 하는지에 대해 목사님은 이렇게 설명하셨다.

"지금 한국교회는 위기 중의 위기 상황이다. 6.25 전쟁에 비유

하자면, 최후의 보루인 낙동강까지 밀려난 상황이기 때문에 정신을 똑바로 차려야 한다. 지금이 위기 상황이라는 것을 빨리 인식하고, 잘 준비해야 한다.”

평촌드림교회 예배를 시작하고 많은 가나안 성도들을 마주하면서, '한국교회가 위기'라는 이찬수 목사님의 말씀이 과장이 아니라 진짜였다는 사실을 뼈저리게 느꼈다. 그리고 왜 그렇게까지 우리를 강하게 몰아붙이고 훈련하셨는지를 이해할 수 있었다.

내 머릿속을 맴돌았던 또 다른 하나는, 교목 목사님과 나눈 대화의 한 장면이었다. 평촌드림교회 첫 예배를 드리고 그 주에 백영고등학교 강당 기공예배가 있었다. 예배를 마치고 학교 교목으로 섬기는 목사님과 잠시 대화를 나누게 되었는데, 그때 목사님이 이런 말씀을 하셨다. 백영고등학교는 미션스쿨이고 학생들이 1천 명 정도 되는데, 자신이 처음 왔을 때 채플 참석 인원이 60명 정도였다는 것이다.

나는 그 얘기를 들으면서, '좋은 교목 목사님이 오셨으니 지금은 훨씬 더 많은 학생들이 예배를 드리겠지'라고 생각하며 목사님께 “지금은 몇 명 정도 아이들이 채플에 참여하나요?”라고 물었다. 그러자 목사님은, 요즘은 좀 늘어서 100명 조금 넘는 아이들이 채플에 참여한다는 것이다.

한 반에 30명 정도 되는 아이들이 있는데, 그중에 2,3명 정도만 교회에 다닌다는 것이다. 일반 학교가 아닌 '여호와를 아는 것이 지식의 근본'이라는 설립 정신 위에 세워진 미션스쿨인데도 교회에 다니는 아이들이 10퍼센트 미만이라는 현실을 깨닫고 다시 한번 충격을 받았다.

낙동강 최후 전선까지 밀렸다는 이찬수 목사님의 탄식 소리, 어려운 결심으로 교회로 발걸음을 옮긴 '가나안 성도'들이 다시금 상처를 받을까 봐 잔뜩 움츠러든 마음, 미션스쿨인데도 10퍼센트 정도의 아이들만 예배를 드리는 상황이 지금의 교회 현실이었다. 이런 현실 속에서 우리가 붙잡아야 할 메시지는 무엇인가?

그러다 본문 말씀을 만났다. 하나님이 주신 선물과 같은 말씀이었다.

조롱과 냉소 속에서 시작된 초대교회

평촌드림교회가 첫 출발을 하는 상황이다 보니 교회의 첫 출발에 관심이 지대했다. 초대교회는 어떻게 시작되었을까? 당시 상황은 어떠했을까? 앞에서도 살펴봤듯이, 초대교회는 오순절 시기를 보내면서 시작됐다. 초대교회를 시작했던 지도자들의 면면을 보면, 영적인 수준이나 출신이 그렇게 화려하거나 뛰어나진 않았다. 지금이야 우리가 베드로나 요한을 위대한 하나님의 사람으로 존경하지만, 그 당시로 돌아가 보면 그렇지 않았다. 초대교회는 훌륭한 믿음의 사람들로 시작된 게 아니었다.

한 번의 설교로 3천 명의 영혼을 회심시킨 베드로는 어땠는가? 불과 50일 전, 절대로 예수님을 배반하지 않겠다고 큰소리 떵떵 치더니 예수님이 잡혀가시자 예수님을 부인하고 저주까지 했던 사람 아닌가? 그런 사람이 지도자가 된 것이다. 나머지 제자들도 마찬가지였다. 예수님이 체포되자 벗은 몸으로 도망한 제자도 있었다.

십자가는 겁나고 두려우니 도망할 수 있다고 하자. 하지만 예수님이 자신의 죽음과 부활을 가르치셨음에도 불구하고, 부활의 날 그 말씀을 기억했던 제자가 얼마나 있었는가? 한 명도 없었다. 그들에게는 하나님의 말씀이 이루어진다는 믿음도 없었고, 예수님이 말씀하신 것이 그대로 될 것이라는 소망도 없었다.

그러나 바로 그들로부터 사도행전의 역사가 시작되었다. 이 사실이 내게 너무나 위로가 되었다. '목회자들의 모습이 실망스럽다, 은혜가 안 된다, 교회에 소망이 없다' 같은 이야기들이 넘쳐나는 오늘날의 상황과 초대교회 당시 사도들이 겪었던 상황은 크게 다르지 않다는 것 역시 내 마음에 너무나 큰 소망으로 다가왔다.

베드로가 설교했을 때 사람들이 어떻게 반응했는가?

다 놀라며 당황하여 서로 이르되 이 어찌 된 일이냐 하며 행 2:12

사람들은 냉소적으로 비웃었다. 성경을 계속 읽어보면, 그들이 하나님의 말씀에 놀라 '아멘, 할렐루야'로 반응한 게 아니었다는 것을 알 수 있다. 초대교회의 시작은 조롱과 냉소의 분위기였다.

또 어떤 이들은 조롱하여 이르되 그들이 새 술에 취하였다 하더라 행 2:13

즉, 그들이 놀라며 내린 결론은 '저들이 술주정하고 있다'는 조롱이었다.

'스승을 부인하고 도망갔던 겁쟁이들 아니냐?'

'나사렛에서 어떻게 선한 것이 날 수 있겠어?'

'나사렛 출신 어부들 아니냐?'

그들의 무시하는 말투가 들리는 것 같지 않는가? '교회에서 무슨 선한 것이 날 수 있겠냐? 교회에 무슨 능력이 있냐?'는 조롱은 초대교회가 출발하게 된 당시나 지금이나 비슷한 것 같다.

그럼에도 불구하고 초대교회가 지금 우리의 상황과 달랐던 점이 있다면, 그렇게 예수 믿는 사람들을 조롱했던 자들이 베드로의 설교를 듣고 회개하는 역사가 나타났다는 것이다. 예수를 비웃었던 자들이 예수를 주로 고백하고, 교회를 무시했던 자들이 그리스도인이 되는 역사가 일어났다.

이 일들이 내게 너무나 소망으로 다가왔다. 그래서 한동안 사도 베드로의 이 외침이 나의 기도제목이 되었다.

> 베드로가 이르되 너희가 회개하여 각각 예수 그리스도의 이름으로 세례를 받고 죄 사함을 받으라 그리하면 성령의 선물을 받으리니
>
> 행 2:38

6.25 전쟁과 같은 상황, 낙동강 최후까지 밀려 있는 교회의 현실, 세상에서 조롱받는 교회의 모습. 하지만 여전히 소망이 있다고 믿는다.

"그리하면 성령의 선물을 받으리니!"

초대교회 안에는 출신이나 배경, 그들의 연약함을 뛰어넘는 성령의 선물이 가득했다. 이런 은혜를 받게 된다면 교회 안에 성령의 은혜와 능력이 충만하게 될 줄 믿는다.

말씀이 역사할 때, 소망이 있다

조롱과 무시 속에서 베드로가 설교를 시작한다. 불과 50여 일 전만 해도 그는 예수님을 부인하고 저주하기까지 했던 연약

한 자였다. 허풍도 좀 있는, 다른 사람은 다 주님을 부인해도 자신은 끝까지 부인하지 않겠다며 큰소리를 쳤지만, 말한 대로 살아내지 못했던 어찌 보면 평범한 사람이었다.

그렇게 예수님을 부인하고 저주하던 입술에서 하나님의 말씀이 선포된다.

> 베드로가 열한 사도와 함께 서서 소리를 높여 이르되 유대인들과 예루살렘에 사는 모든 사람들아 이 일을 너희로 알게 할 것이니 내 말에 귀를 기울이라 행 2:14

사도행전 2장 14절부터 이어지는 설교에서 베드로는 '너희'라는 단어를 열다섯 번이나 사용한다. 이것은 직설화법으로 단순하고 강하게 말했다는 것을 의미한다.

설교의 주인공은 50일 전 예루살렘을 떠들썩하게 만들며 십자가에서 처형된 예수님이었으며, 그 요지는 다음과 같았다.

'하나님이 오셨다. 그분이 너희와 함께 있었다. 가르치셨고, 이적을 보였으나 너희가 하나님이신 그분을 십자가에 달려 죽게 했다. 하지만 그분은 부활하셨고, 성령을 보내셨다.'

복음의 기본적인 내용이다. 아주 특별했던 설교가 아니었다. 우리가 다 알고 있는 이야기, 교회 다니는 사람이라면 익숙하게 들어봤을 법한 평범한 설교였다.

그런데 그 설교를 듣고 난 이후 사람들의 반응을 보자.

그들이 이 말을 듣고 마음에 찔려 베드로와 다른 사도들에게 물어 이르되 형제들아 우리가 어찌할꼬 하거늘 행 2:37

'술주정하냐? 어찌 된 일이냐?'라는 조롱이 "어찌할꼬"라는 탄식으로 바뀌었다. 도대체 베드로가 뭘 했기에 이렇게 되었는가?
사실 베드로가 한 게 아니다. 화려한 언변이나 설교학적인 지식, 탁월한 출신 배경 덕분이 아니다. 바로 이것이 그들 가운데 임한 성령의 역사이자 성령의 선물인 것이다.

그러나 진리의 성령이 오시면 그가 너희를 모든 진리 가운데로 인도하시리니 그가 스스로 말하지 않고 오직 들은 것을 말하며 장래 일을 너희에게 알리시리라 요 16:13

설교하는 사람의 능력으로 가능한 일이 아니다. 그 사람에게 성령이 임하시면, 그 사람을 통해서 선포되는 말씀은 하나님이 사용하시는 강력한 도구가 된다. 단순한 말씀일지라도 그 말씀에 성령님의 은혜가 부어지면 사람을 바꾸는 능력의 말씀이 된다.

초보 담임목사의 설교 분투

분립 개척을 하면서 주어진 많은 부담 중에 가장 부담이 되는 것은 설교였다. 성도와 신학생들로부터 가장 존경받는 목회자이자 가장 영향력 있는 설교자로 평가받는 이찬수 목사님의 울타리를 떠나 개척을 하게 된 상황 아닌가? 게다가 함께 이찬수 목사님의 설교를 들으며 신앙생활 하던 분들이 우리 교회의 개척 멤버들이다 보니, 너무 부담이 되었다.

문득 잊고 있던 사실을 깨달았다. 지금까지 19년 동안 부교역자 생활을 하면서 예배 사역 중심으로 교회를 섬겨왔기에 2주 연속으로 설교를 해본 적이 단 한 번도 없다는 사실이었다.

이렇게 걱정하는 내 마음도 모르고 어떤 성도는 이런 응원을 전해주었다.

"이찬수 목사님에게 훈련받으셨으니 목사님도 이찬수 목사님처럼 훌륭한 설교자가 되실 거예요! 기대하고 응원합니다."

아, 응원의 메시지였지만, 내 마음은 엄청나게 눌렸다. 이찬수 목사님에게 강하게 훈련받은 것은 맞지만, 거기에는 '설교 잘하기' 같은 과목은 없었다. 목사님은 신학교 졸업생이라면 다 알 만한 말씀을 끊임없이 반복하셨다.

"목회자는 고뇌하는 삶을 살아야 한다. 하나님 앞에 늘 단독자로 서야 한다. 목회자는 숨 쉬는 것도 의미가 없으면 안 된다. 늘 성도를 생각하며 매일 묵상해야 한다. 걸을 때도 머릿속에는 교회 생각, 성도 생각, 말씀 묵상을 담고 걸어야 한다. 성도들의 삶을 더 이해해야 한다. 아픔을 알아야 한다.”

이런 말씀을 수없이 반복하셨다. 오죽하면 목사들끼리 ‘공포의 무한 반복’이란 표현을 하기도 했다.

그런데 그 공포의 무한 반복이 효과가 있었다. 하도 반복해서 듣다 보니 깨닫게 된 것이 있었다. 목회는 기술로 하는 것이 아니며, 설교는 말솜씨와 지식으로 하는 게 아니라는 것이다. 성도들의 삶의 아픔과 문제를 가지고 하나님 앞에 단독자로 서서 간절히 은혜를 구하는 과정을 통해, 단순해 보이는 진리가 하나님이 사용하시는 메시지가 된다는 것이었다. 설교는 아버지의 마음을 구할 때 하나님이 은혜를 부어주시는 것이지, 어떤 기술이나 지식에서 나오는 것이 아니란 것을 거듭 확신하게 되었다.

그때부터 ‘이번 주 성도들의 삶은 어땠을까? 지난주 예배에 참석했던 분들이 이번 주에도 오신다면, 그들에게 어떤 메시지를 전해주어야 할까?’라는 생각으로 가득했다. 우리 교회의 예배를 통해 교회에 냉소적이던 마음들이 “어찌할꼬”라는 회개로 바뀌게 되기를 간절히 기도했다. 2주 이상 연속으로 설교해본 적 없는 초보 담임목사의 메시지에 성령님이 은혜를 부어주셔서 그 단순한 메시지가 하나님의 음성으로 들리는 도구가 되기를 정말 간절히 기도했다.

하나님의 말씀은 살아 있고 활력이 있어 좌우에 날 선 어떤 검보다도 예리하여 혼과 영과 및 관절과 골수를 찔러 쪼개기까지 하며 또 마음의 생각과 뜻을 판단하나니 히 4:12

성령이 임하시면, 말씀이 날 선 검보다 예리하게 역사한다. 그 은혜가 임하자 단순한 베드로의 설교가 3천 명을 회개시키는 능력의 말씀이 된 것이다. 하나님 앞에 무릎 꿇을 때마다, 함께 모여서 예배할 때마다 이 은혜가 있기를 구하자.

서로를 향한 용서와 용납 안에, 소망이 있다

베드로는 불과 50일 전에는 예수님을 부인하고 저주까지 했던 사람이다. 그런 그가 설교할 때 그를 내쫓는 사람이 없었다. 그 당시 교회 안에 어떤 문화가 있었기에, 그런 베드로의 설교를 듣고 사람들이 회개하는 역사가 일어난 것인가?

그들이 사도의 가르침을 받아 서로 교제하고 떡을 떼며 오로지 기도하기를 힘쓰니라 행 2:42

그들은 서로 교제하며 성찬식을 했다. 성찬식이 무엇인가? 예수님은 십자가에 달리시기 전날 밤에 성찬식을 행하셨다.

그리고 성찬식이 있던 날, 예수님은 제자들의 발을 닦아주셨다. 그 발은 십자가를 지신 예수님을 따르는 발이 아니라 예수님을 부인하고 도망치는 발이었다. 예수님은 그것을 다 아시면서도 그들의 발을 닦아주셨고, 그분의 살과 피를 내어주셨다.

서로 누가 더 큰지를 놓고 싸움을 벌였던 그들의 목표가 완전히 바뀌었다. 예수님의 십자가의 죽으심과 부활을 통해 자신들이 얼마나 큰 용납을 경험했는지를 깨달았고, 알았기 때문이다.

이후 초대교회 성찬식은 예수 그리스도의 희생과 사랑, 그리고 용서의 은혜를 상징하는 것이었다. 자신들의 연약함을 돌아보고, 받은 은혜와 사랑을 기억하면서 서로를 사랑하고 서로를 용납할 수 있는 은혜를 구하는 시간이었을 것이다. 그랬기에 그들은 베드로의 설교를 들었고, 그 결과 놀라운 회개의 역사를 경험할 수 있었다.

내가 누린 용납의 은혜

내게 있어서 교회는 용납과 용서와 사랑이 가득한 공동체였다. 내 인생에 가장 큰 복이 있다면 하나님께서 용서하고 용납하는, 넉넉한 성품을 가진 지도자들을 만나는 축복을 풍성하게 주셨다는 것이다.

예전에 선교단체에서 찬양으로 섬기던 시절이었다. 그때 한

수련회에서 찬양을 인도하면서 큰 실수를 한 적이 있다. 선교사님이 강사로 오셨는데, 선교사님은 설교를 마무리하시면서 "죽어가는 영혼들을 향해 주님의 마음으로 나아가자!"라고 하시며 선교에 대한 콜링과 결단의 시간을 인도하고 계셨다.

기도가 절정에 이르렀다. 이제 우리가 찬양을 인도해야 했는데, 그때 선곡이 '사막에 샘이 넘쳐 흐르리라'였다. 이사야서 35장 5-10절의 말씀으로 만들어진 찬양인데, 선교지가 이 말씀처럼 변화될 것을 선포하는 마음으로 선곡한 것이었다.

"사막에 샘이 넘쳐흐르리라 사막에 꽃이 피어 향내 내리라 주님이 다스릴 그 나라가 되면은 사막이 꽃동산 되리."

그런데 수련회를 준비하며 찬양을 연습할 때, 이 찬양이 우리나라 대중가요 '독도는 우리 땅'과 코드 진행이 같다는 것을 알게 되었다. 당시 찬양에 가요를 붙여 부르는 게 유행처럼 돌던 시기였는데, 우리도 이 찬양과 대중가요를 섞어 부르며 웃고 즐기는 분위기 속에서 연습을 했었다.

그런데 세상에, 실전에서 연습 때 했던 그 장난이 그대로 나와버리는 큰 실수를 하게 된 것이다.

"사막에 샘이 넘쳐흐르리라 사막에 꽃이 피어 향내 내리라 그 누가 아무리 자기네 땅이라고 우겨도 독도는 우리 땅."

순간, 반주하던 지체들도 민망함에 다 숨어버리고 진지했던 기도회 분위기가 황당한 분위기로 변하면서 수습이 어려울 지경이 되어버렸다.

　연습 때 하던 장난이 실전에서 툭 뛰어나와 뜨거웠던 예배 현장에 찬물을 끼얹는 상황이 되었으니, 너무나 황당하고 민망했다. 그리고 그런 큰 실수를 했으니 찬양팀에서 쫓겨날 수도 있겠다는 생각을 했다.

　그런데 예배를 마치고 어쩔 줄 몰라 하고 있는 내게 선교사님과 간사님, 목사님들이 "얼마나 큰 사람이 되려고 사고도 이렇게 크게 치는가?"라고 하시며 오히려 축복을 해주시며 용납해주셨다. 그날 이후로 그 찬양은 내가 인도해야 하는 찬양 콘티에서 금지곡이 되어버렸다.

　사실, 지난 사역을 돌아보면 이런 일들이 너무나 많았다. 그렇기에 나에게 교회는 사랑과 용납이 가득한 곳이었다. 실수하면 곧바로 지적하고 혼내는 게 아니라, 실수를 덮어주고 기다려주고 이해해주는 분들이 내 주변에 늘 계셨다.

　지금의 나는 누군가의 기도와 용납의 열매다. 내가 이 자리에 있는 것은 누군가 나를 참아주었기 때문이다. 아마도 우리 모두 그럴 것이다. 제자들도 그랬다. 그들은 모일 때마다 예수님의 참아주심과 용납, 용서와 은혜를 기억했을 것이다.

　존경받는 한 목사님이 설교 중에 이런 말씀을 하셨다.

"우리 교회는 은혜 충만합니까?"

그러자 성도들이 "아멘"으로 화답했다. 그도 그럴 것이 그 교회는 많은 빚을 지고 있었는데, 그 빚을 거의 다 갚은 상태였고, 목사님의 설교가 좋다는 소문이 나서 성도들의 수도 많아지고 있던 때였기 때문이다.

그러자 목사님이 이렇게 질문하셨다.

"은혜 충만의 기준이 무엇입니까? 목사의 설교입니까? 아니면 화려한 건물입니까? 교회 안에 용서와 용납이 충만하면 '아멘'이고, 용서와 용납이 부족하면 '아니오'입니다."

아주 오래전에 들은 설교임에도 아직까지 내 마음 가운데 메아리치고 있다.

교회가 위기를 맞았다고 하는 이 때에, 여전히 교회가 소망이 되려면 교회 안에 용납과 용서가 흘러야 한다. 이런 맥락에서 보니, 로마 교회를 향한 바울의 선포가 너무 마음에 와닿았다.

그러나 죄가 더한 곳에 은혜가 더욱 넘쳤나니 **롬 5:20**

죄가 더한 곳에 심판이 넘친 것도, 정죄가 넘친 것도 아니다. 죄가 더한 곳에 은혜가 더욱 넘쳤다. 이것이 초대교회였다.

오로지 기도에 힘쓸 때, 소망이 있다

예수님은 부활하신 후에 40일간 제자들과 함께하시며 말씀을 가르쳐주셨다. 예수님이 부활하신 때로부터 오순절이 되기까지 기간이 50일인데, 예수님이 함께하셨던 40일을 제외한 10일 동안, 제자들은 기도했다. 이 기도에서 부흥이 시작된 것이다. 3천 명의 회심의 역사는 이 기도로부터 출발했다.

여자들과 예수의 어머니 마리아와 예수의 아우들과 더불어 마음을 같이하여 오로지 기도에 힘쓰더라 행 1:14

예수님이 승천하시기 전에 제자들의 모습과 승천하신 후에 제자들의 모습을 비교해볼 때, 가장 두드러진 변화는 그들이 문제 앞에 설 때마다 기도했다는 점이다.

그들이 사도의 가르침을 받아 서로 교제하고 떡을 떼며 오로지 기도하기를 힘쓰니라 행 2:42

왜 그렇게 기도를 강조했을까? 왜 오로지 꾸준하게, 한결같이 기도했을까? 성경을 찾아보니 공식이 있었다. 기도에 힘쓴 다음에 어떤 일이 일어났는지 보자.

믿는 사람이 다 함께 있어 모든 물건을 서로 통용하고 또 재산과 소유를 팔아 각 사람의 필요를 따라 나눠 주며 날마다 마음을 같이하여 성전에 모이기를 힘쓰고 집에서 떡을 떼며 기쁨과 순전한 마음으로 음식을 먹고 하나님을 찬미하며 또 온 백성에게 칭송을 받으니 주께서 구원 받는 사람을 날마다 더하게 하시니라 행 2:44-47

기도한 후에 교회 공동체의 회복이 일어났다. 상상할 수 없는 사랑의 공동체로 세워졌다. 우리가 가장 꿈꾸고 소망하는 교회의 모습이 이루어진 것이다. 그 모습은 어디서부터 왔는가? 기도에서 시작됐다.

이 같은 현상은 성경 다른 곳에서도 볼 수 있다.

소망 중에 즐거워하며 환난 중에 참으며 기도에 항상 힘쓰며 성도들의 쓸 것을 공급하며 손 대접하기를 힘쓰라 롬 12:12,13

기도가 일어나면 우리 옆에 있는 사람들의 필요가 무엇인지 볼 수 있는 은혜가 부어진다.

만물의 마지막이 가까이 왔으니 그러므로 너희는 정신을 차리고 근신하여 기도하라 무엇보다도 뜨겁게 서로 사랑할지니 사랑은 허다한 죄를 덮느니라 벧전 4:7,8

불과 얼마 전까지 서로 누가 크냐며 싸웠던 제자들, 예수님이 십자가에 못 박히실 때 그분을 부인하고 저주까지 했던 제자들, 잠시도 깨어 기도할 수 없었던 제자들의 변화는 기도로부터 시작되었다. 초대교회는 기도의 열매로 그렇게 아름답게 세워져 갔다.

나는 우리가 오로지 기도에 힘쓰게 되기를 소망한다. 우리가 꿈꾸는 것은 우리의 노력으로 될 수 있는 게 아니기 때문이다. 허다한 죄를 덮을 수 있는 사랑하는 공동체, 의미 있는 공동체는 오로지 기도에 힘쓸 때 시작되었다는 것을 기억해야 한다.

성령의 선물을 경험하는 교회를 꿈꾼다

한국교회가 어렵다고 하는 상황에서 교회가 시작되었다. '가나안 성도'가 많다는 얘기는 많이 들었지만, 실제로 이렇게 많을 줄은 몰랐다. 아픔을 주는 교회가 그렇게 많다는 것도, 교회가 그렇게까지 능력을 잃어버렸다는 사실이 피부에 와닿을 정도로 직면하고 있다.

이런 현실 속에서 우리 교회가 그런 수많은 교회와 같은 또 하나의 교회가 되는 게 아니라 회복을 경험하고, 하나님의 말씀이 들려지고, 하나님 앞에서 그 사랑을 경험할 수 있는 공동체가 될 수 있기를 간절히 소망한다. 그러기 위해선 성령의 임재와 성령의 선물이 우리 가운데 충만해야 한다.

"하나님, 성령의 선물을 우리에게 허락해주시옵소서! 아파하는 영혼들, 주님을 떠났던 영혼들이 하나님의 사랑을 경험하고 회복하는 공간이 되게 하옵소서. 이전보다 더 하나님을 사랑할 수 있는 은혜를 경험하게 해주옵소서. 용서가 있는 곳, 실수해도 괜찮은 곳이라는 경험을 할 수 있는 교회가 되게 해주시옵소서."

성령의 은혜가 부어져 말씀의 능력이 살아 역사하는 교회, 서로 용납할 수 있는 은혜가 넘치는 교회, 한시도 깨어 기도할 힘이 없던 자들이 오로지 기도에 힘쓸 수 있는 기도의 사람으로 세워지는 교회가 되길 소망한다. 어떤 유형의 형태를 갖추는 것보다, 보이지 않지만 우리 가운데 역사하시는 성령님의 은혜를 간절히 찾고 구하는 교회가 되길 소망한다.

주님과 함께
걸어가라

7 그러나 무엇이든지 내게 유익하던 것을 내가 그리스도를 위하여 다 해로 여길뿐더러 8 또한 모든 것을 해로 여김은 내 주 그리스도 예수를 아는 지식이 가장 고상하기 때문이라 내가 그를 위하여 모든 것을 잃어버리고 배설물로 여김은 그리스도를 얻고 9 그 안에서 발견되려 함이니 내가 가진 의는 율법에서 난 것이 아니요 오직 그리스도를 믿음으로 말미암은 것이니 곧 믿음으로 하나님께로부터 난 의라 10 내가 그리스도와 그 부활의 권능과 그 고난에 참여함을 알고자 하여 그의 죽으심을 본받아 11 어떻게 해서든지 죽은 자 가운데서 부활에 이르려 하노니 12 내가 이미 얻었다 함도 아니요 온전히 이루었다 함도 아니라 오직 내가 그리스도 예수께 잡힌 바 된 그것을 잡으려고 달려가노라 13 형제들아 나는 아직 내가 잡은 줄로 여기지 아니하고 오직 한 일 즉 뒤에 있는 것은 잊어버리고 앞에 있는 것을 잡으려고 14 푯대를 향하여 그리스도 예수 안에서 하나님이 위에서 부르신 부름의 상을 위하여 달려가노라

chapter 04

푯대를 향해 나아가라

평촌드림교회 초기에는 예배 처소로 사용하기로 한 학교 강당이 아닌, 식당에서 임시로 예배를 드리기 시작했다. 강당이 아직 공사 중이었기 때문이다. 강당 공사가 진행되는 내내, 학교 관계자는 이런 말을 자주 했다.

"지금 공사하고 있는 이 공간은 강당이지만, 하나님께 예배드리는 곳, 하나님께 영광을 올려드리는 곳이 되게 하려는 목표를 가지고 공사를 진행하고 있습니다."

분명한 목표를 가지고 공사 중이라는 것이다. 그 말을 들으며 교회와 그리스도인도 동일하다는 생각을 해보았다.

교회도 계속 지어져가고 있다. 아직 공사 중이다. 우리도 마찬가지다. 우리 한 사람 한 사람이 성도로서 공사 중이다. 각각 지음을 받고 지어져 가고 있는 중이다.

내가 이미 얻었다 함도 아니요 온전히 이루었다 함도 아니라 오직 내

가 그리스도 예수께 잡힌 바 된 그것을 잡으려고 달려가노라 빌 3:12

강당 공사가 시작될 때, 그 모습을 보자니 마치 운동장을 개간하는 것 같았다. 하지만 뚜렷한 목표를 가지고 계속 지어져 가자 점점 그 형태가 갖춰지기 시작했고, 하나님을 예배하는 공간으로 준비되고 있었다. 우리도 그렇다. 우리는 모두 공사 중이지만, 목표는 뚜렷하다. "예수께 잡힌 바 된 그것을 잡으려고" 달려가는 것이다.

빌립보서 본문을 통해 우리가 가져야 할 분명한 목표에 대해 조금 더 생각해보자.

우리의 목표

빌립보교회는 바울이 2차 전도여행 중에 개척한 유럽 최초의 교회다. 사도 바울이 루디아라는 한 여인을 전도했고, 그녀의 집에서 빌립보교회가 시작됐다. 하지만 교회 안팎으로 여러 문제가 있었다. 신약학 교수이신 권성수 목사님은 빌립보서 배경 연구에서 이 부분을 이렇게 설명한다.

"당시 빌립보를 비롯한 헬레니즘의 영적, 종교적, 도덕적 분위기는 회의주의와 숙명주의, 우상숭배가 성행하는 절망의 상태, 그리고 극심한 성적, 도덕적 타락이 지배하는 암흑의 상태로서 구원자를 간절히 바라는 분위기였다.”

　사실 오늘날 교회의 사정도 다르지 않다. 코로나19 팬데믹을 겪으면서 미래에 대한 두려움과 숙명주의가 팽배해졌고, 교회의 예배와 모임들이 코로나 이전 같지 않다는 위기의식도 가득하다. 이런 교회 안팎의 위기 상황이 2천 년 전 빌립보교회의 상황과 너무나 흡사하다는 생각을 하게 됐다.

　이런 상황에서 나는 사도 바울이 빌립보교회에 전했던 메시지를 통해 우리의 목표를 새롭게 정리해보고자 했다. 그중 세 가지를 나누고 싶다.

그리스도를 얻고

또한 모든 것을 해로 여김은 내 주 그리스도 예수를 아는 지식이 가장 고상하기 때문이라 내가 그를 위하여 모든 것을 잃어버리고 배설물로 여김은 그리스도를 얻고 그 안에서 발견되려 함이니 내가 가진 의는 율법에서 난 것이 아니요 오직 그리스도를 믿음으로 말미암은 것이니 곧 믿음으로 하나님께로부터 난 의라 빌 3:8,9

　이 말씀은 사도 바울의 간증이다. 예수 믿는 사람들을 핍박하고 박해했던 그가 예수님을 만난 이후, 그의 모든 가치관과 세계관이 바뀌었다. 그리스도를 아는 지식이 가장 고상하다는 것을 알게 된 것이다. '고상하다'의 헬라어 표현은 '최고 중의 최고'라는 의미를 가지고 있다.

"그리스도를 아는 지식이 최고 중의 최고다!"

바울의 감격스러운 마음과 그의 목소리가 들리는 것 같지 않은가?

다메섹 도상에서 그는 그리스도를 얻었다. 그리스도를 만나게 된 것이다. 그는 하나님께 붙잡힌 바 된, 그 경험을 통해서 그리스도를 아는 지식이 최고 중의 최고라는 고백을 하게 되었다. 우리 모두가 그리스도를 얻고, 그리스도를 만나고 경험하게 되길 간절히 소망한다.

나는 1996년에 예수님을 만났다. 당시에는 대부분의 고등학교에서 방학 중 자율학습을 실시했다. 자율학습을 하던 어느 날, 반 선생님의 교회 수련회 참석하는 사람은 자율학습 참석으로 인정해주겠다는 이야기에 친구들과 교회로 우르르 몰려갔다. 그렇게 간 수련회에서 예수님을 만났다.

예수님을 만난 후 모든 게 바뀌었다. 그리스도를 얻게 되고, 그리스도께 붙잡힌 바 되니 모든 가치관과 생각이 변화되기 시작했다. '예수님이 나를 있는 모습 그대로 사랑하신다'라는 감격으로 살아가기 시작했다.

그때부터 교회에 갈 때 느긋하게 걸어간 적이 별로 없었다. 숨이 턱까지 찰 정도로 달려갔다. 은혜가 너무 기대되었기 때문이다. 매일 예배를 드리고 싶어서 몸살을 앓을 정도였다. 잠을 자는 동안에도 예배드리고 싶었다. 꿈에서조차 하나님을 예배하고 싶었다.

그래서 바울의 이 고백이 너무나 공감이 되었다.

내가 이미 얻었다 함도 아니요 온전히 이루었다 함도 아니라 오직 내가 그리스도 예수께 잡힌 바 된 그것을 잡으려고 달려가노라 빌 3:12

백영고등학교와 계약하는 날, 이사장님과 만나게 되었다. 이사장님은 이 학교의 설립자께서 '여호와를 경외하는 것이 지식의 근본'이 될 수 있기를 기도하며 학교를 세우셨다는 말씀을 나눠주셨다.

그 말씀이 마치 하나님의 음성같이 들렸다. 다음세대에게 여호와를 경외하는 것이 지식의 근본임을 알게 하고자 학교를 세웠다고 했는데, 그 일은 교회가 감당해야 할 사명이라고 여겨졌기 때문이다.

또한 이사장님은 교회가 학교 안에서 예배드리게 되었으니, 학생들이 하나님을 만나고 경험할 수 있기를 기대한다는 말씀도 해주셨다. 우리에게 사명이 있다. 다음세대들이 그리스도를 얻고 경험할 수 있는 일에 쓰임받는 교회가 되어야 한다.

분당우리교회는 기존 성도의 등록을 받지 않다 보니, 교회에 처음 다니게 된 분들이 많으셨는데, 그들에게 교회에 어떻게 나오게 되었는지를 물어보면 대부분은 전도를 받아서 나오게 되었다면서 은혜로운 간증을 나눠주신다.

그런데 간혹 의외의 고백을 하는 분들도 있었다.

"학원 정보를 얻기 위해서 교회에 왔어요. 교회 다니는 분들은 서로 중요한 정보들을 긴밀히 나누시더라고요."

"상사가 교회에 다녀보라고 해서 승진 때문에 나오게 되었어요."

다양한 필요를 얻기 위해 교회에 나오기 시작했다 할지라도, 그래서 그것들을 다 얻는다고 할지라도 그리스도를 얻지 못한다면 얼마나 안타까운 일인가? 좋은 대학 가려고, 승진하려고 왔다고 해도 그리스도를 얻고 그리스도를 아는 지식이 최고 중의 최고라는 고백을 할 수 있는 성도들로 바뀌는 곳이 교회다. 나는 우리 교회가, 그리고 이 땅의 모든 교회가 그 일을 감당해야 한다고 믿는다.

그리스도를 본받아

내가 바라는 것은, 그리스도를 알고, 그분의 부활의 능력을 깨닫고, 그분의 고난에 동참하여, 그분의 죽으심을 본받는 것입니다.

빌 3:10, 새번역

사도 바울은 예수님을 본받기를 원하면서 어디까지 본받기를 원했는가? 그분의 고난에 동참하여 그분의 죽으심까지 본받기를 원했다. 자신도 예수님처럼 십자가에서 죽기를 원한다는 것이다. 참으로 두려운 고백 아닌가.

어떻게 이런 고백을 할 수 있었을까? 바로 부활의 능력을 보았기 때문이다. 부활의 주님을 만났기 때문에 그리스도를 본받아 십자가의 자리까지 나아가겠다는 담대한 고백을 할 수 있었다.

오늘날의 교회나 그리스도인들이 세상에서 욕을 먹는 가장 큰 이유는 이중성 때문이라고 한다. 말한 대로 살지 않는다는 것이다. 십자가를 말하는데 절대로 손해 보지 않는 사람들이 교회 다니는 사람들이라고 한다. 헌신과 희생을 말하지만 절대로 헌신하지 않고 희생하지 않는 사람들이라고들 한다.

교회 장소를 알아보기 위해 백영고등학교에 처음 왔을 때, 학교에서 쫓겨나면서 들었던 소리가 "저런 사람들 다 사기꾼이야! 교회가 학교에 온다고? 학교 이용하려고 오는 거야!"였다. 지금도 그때를 떠올리면 얼굴이 화끈거리고, 심장이 쿵쾅거린다.

이런 측면에서 그리스도를 본받아 그리스도를 닮은 만남이 우리 가운데 많아야 한다. 나는 여전히 교회에는 사기꾼 같은 사람들보다 예수님을 닮으려고 자기를 부인하며, 자기 십자가를 지고 살아가는 이들이 많다고 믿는다. 세상에서 빛도 없이 소리도 없이 연약한 자들을 묵묵히 섬기는 일에 목숨을 거는 교회들이 많다고 믿는다. 적어도 내 주위에는 그런 분들이 많으셨다. 이런 만남의 축복을 주신 하나님께 얼마나 감사한지 모른다. 그리고 나도 그런 '그리스도를 본받는' 사람이 되고 싶다는 다짐을 자주 한다.

눈앞의 유익보다 영혼을 생각하는 마음

16년 전 사랑의교회에서 간사로 섬기고 있을 때, 교회를 개척하신 일산하나사랑의교회 조칠수 목사님을 따라서 개척교회로 나오게 됐다. 당시 전도사는 나 혼자였다. 그러다 보니 교회의 구석구석에서 필요한 일들을 많이 했었다.

그러던 어느 날, 낮 시간에 금식하면서 기도하고 있는데 조칠수 목사님과 사랑의교회에서 함께 사역하셨던 이찬수 목사님이 찾아오셨다. 그때가 이찬수 목사님과의 첫 번째 만남이었다. 당시 이찬수 목사님이 분당우리교회에 찬양 사역자가 필요하다는 이야기를 나누셨는데, 그 말씀을 듣던 조칠수 목사님은 나에게 분당우리교회로 가서 사역해볼 것을 진심으로 제안하셨다.

"조정환 전도사님은 한국교회의 미래입니다. 그래서 잘 커야 합니다. 그런데 내가 너무 욕심이 많아서 사랑의교회에서 잘 성장할 수 있는 전도사님을 데리고 개척교회로 와 있는 것이 아닌가, 내가 지나치게 욕심을 부린 것 같아서 마음이 무거웠습니다. 분당우리교회로 가서 목회를 잘 배우며 성장했으면 좋겠습니다."

개척교회에 한 사람이 얼마나 소중한가? 그럼에도 교회의 유익을 위하기보다는 한 영혼이 잘되기를 바라는 마음을 조칠수 목사님에게서 보았다. 그리고 목회자의 이런 귀한 마음과 헌신으로 교회가 세워진다는 것이라는 것을 경험했다.

이찬수 목사님과의 만남 역시 하나님께서 내게 베푸신 큰 선물이다. 일만성도 파송운동을 앞두고 목사님은 이런 말씀을 자주 하셨다.

"성도 한 분이 교회를 떠나면 살점이 떨어지는 것처럼 아픕니다."

그런데 분당우리교회가 29개 교회를 파송했다. 일만 명 이상의 성도들, 분당우리교회의 기둥 같은 분들이 분당우리교회를 떠났다. 그렇게 성도를 떠나 보내며 너무나 고통스러워하시는 이찬수 목사님의 몸부림을 곁에서 보면서, 말한 대로 사는 것, 하나님의 말씀이라면 고통스러워도 순종하는 모습을 통해서 많은 것을 배우고 느꼈다. 이것이 십자가의 정신이다. 그 순종과 고통의 열매로 교회가 세워지는 것이다.

이런 일들을 전혀 모르는 사람들은, 교회에 다니는 사람들의 말과 행동이 다르다고 조롱하곤 한다. 나는 그런 조롱 앞에서 "아니에요!"라고 외치고 싶다. "교회 안에는 말씀대로 살아가려고 몸부림치는 분들이 정말 많아요!"라고 말하고 싶다. 말하는 것과 행동이 같을 수 있도록 늘 기도하고 은혜를 구하는 사람들, 그들이 그리스도인이라고 믿는다.

평촌드림교회는 이런 정신을 이어받아 세워졌다. 그래서 우리 교회도 이웃 교회 성도들의 수평 이동은 받지 않는다. 교회의 수적 성장을 추구하고 내 교회만 잘되기를 바라는 것을 멈추고, 지역 교회와 상생하며 섬길 수 있는 교회가 되기를 구한다. 그것이 그리스도를 본받는 길이기 때문이다.

예수님을 닮고 싶다. 예수님처럼 살기를 원한다. 죽으심을 본받기까지. 손해인 줄 알면서도 손해 보는 것, 희생하는 것이 아프지만 십자가의 정신을 살아내기 위해 희생하는 것, 이것이 우리가 가야 하는 길이라고 주님은 말씀하신다. 그 십자가의 정신을 붙잡는 우리가 되길 소망한다.

푯대를 향하여

푯대를 향하여 그리스도 예수 안에서 하나님이 위에서 부르신 부름의 상을 위하여 달려가노라 빌 3:14

예수님을 만난 바울은 이 감격으로 목표가 바뀌었다. 복음 전하는 사람들을 핍박하며 즐기기까지 했던 그가 복음을 전하는 사람으로 바뀌었다.

이것이 복음의 능력, 십자가의 능력이다. 이제 그의 유일한 목표는 예수님을 아는 것이었다. 예수님처럼 사는 것이었다. 십자가에서 죽기까지 그렇게 하길 원했다.

희생인 걸 알면서도 희생하는 자리까지 가겠다는 변화가 어떻게 일어날 수 있었을까? 부활하신 주님을 만났기 때문이다. 그분을 경험했기 때문에 목표를 바꾸고 푯대를 향하여 달려가겠다고 선포할 수 있었다.

'유일한 목표는 푯대를 향하여!'라는 바울의 고백을 묵상하다 보니 고등학생 때 모교회에 오셨던 부흥회 강사의 일화가 생각났다. 선교사님이 오셔서 간증을 하셨는데, 그 분은 예수님을 만난 후에 삶이 단순해졌다고 한다. 모든 것이 '하나님의 영광을 위해서'로 귀결되는, 심플한 인생이 되었다는 것이다. 그 선교사님의 설교를 들은 후로 한동안 우리 교회의 유행어는 "하나님의 영광을 위하여"가 되었다.

그 무렵 세례를 받게 되었는데, 그때 교회의 목사님 별명이 '조폭'이었다. 얼마나 엄하고 무서우셨는지 모른다. 그런데 세례 문답을 목사님 방에 들어가서 해야 한다는 게 아닌가.

덜덜 떨며 목사님의 방에 들어갔더니, 목사님이 검은색 가운을 입고 앉아 계셨다. 얼마나 떨리고 긴장이 되었는지 모른다. 네 명이 같이 세례 문답을 받았는데, 나이순으로 문답을 이어가셨다.

첫 번째 형의 세례 문답이 시작되었다.

"이름이 뭐지?"

"○○○입니다."

"학교가 어디지?"

"○○고등학교 다닙니다."

"그런데 학교는 왜 다니지?"

그랬더니 그 형이 목소리를 높여서 대답했다.

"하나님의 영광을 위하여!"

이렇게 답하는 순간, 목사님이 씩 웃으시면서 "합격!"을 외치셨다.

두 번째 순서가 나였다. 첫 질문은 동일했다.

"이름이 뭐지?"

“조정환입니다.”

“학교가 어디지?”

“인창고등학교에 다닙니다.”

그런데 그다음 질문은 전혀 달랐다.

“너는 눈이 나쁘구나. 너 안경은 왜 쓰지?”

예상 외의 질문을 받은 나는 나도 모르게 외쳤다.

“하나님의 영광을 위하여!”

합격이었다. 이후 다른 두 명까지 모두 “하나님의 영광을 위하여!”라고 답하고는 합격을 받았다. 떨리는 마음에 유행어처럼 따라하던 말을 무심코 내뱉었는데, 그것이 합격 열쇠가 된 셈이다.

그때는 그저 재미있다고만 생각했는데, 지금 돌아보니 하나님이 주신 너무나 귀한 선물 같은 시간이었다. 세례는 우리가 첫 신앙고백을 드리는 순간이다. 그런데 세례를 받으며 했던 첫 고백이 “하나님의 영광을 위하여!”였다는 것이 하나님께 너무 감사했다.

우리는 오늘 왜 이 자리에 앉아 있는가? 우리가 왜 모여야 하는가? 왜 예수님을 본받는 자리로 나아가야 하는가? 교회가 다음세대를 위해서 기도하고 섬겨야 할 이유는 무엇인가?

“하나님의 영광을 위하여!”

신앙 생활의 유일한 목표

신앙생활은 복잡한 것이 아니다. 신앙생활은 유일한 목표, 푯대를 향하여 나아가는 것이다. 사도 바울에게는 그 목표가 하나님의 영광이었다.

그런즉 너희가 먹든지 마시든지 무엇을 하든지 다 하나님의 영광을 위하여 하라 고전 10:31

신앙생활은 눈 감고 도 닦는 게 아니다. 우리가 하는 모든 것이 하나님의 영광을 위한다는 것을 기억하며 살아가는 것이 참된 신앙생활이다.

이 일을 위해서 우리는 끊임없이 공사 중인 것이다. 이를 위해서 계속해서 지어져 가는 것이다. 너무나 흐트러져 있고 너무나 정리가 되어 있지 않은 공사 중의 모습 같지만, 이 목표를 향해서 우리는 하나하나 지어져 가고 있다.

내가 이미 얻었다 함도 아니요 온전히 이루었다 함도 아니라 오직 내가 그리스도 예수께 잡힌 바 된 그것을 잡으려고 달려가노라 형제들아 나는 아직 내가 잡은 줄로 여기지 아니하고 오직 한 일 즉 뒤에 있는 것은 잊어버리고 앞에 있는 것을 잡으려고 푯대를 향하여 그리스도 예수 안에서 하나님이 위에서 부르신 부름의 상을 위하여 달려가 목표가 선명한 사람일수록 힘 있게 달려간다. 우리 삶의 모든 목표가 '푯대를 향하여, 하나님의 영광을 위하여'라고 고백할 수 있기를 소망한다. 우리가 매일의 삶에서 수많은 일을 할 때 하나님의 영광을 위하여, 푯대를 향하여 달려가는 그리스도인이 되기를 소망한다.

그렇게 믿음으로 나아갈 때, 그렇게 달려갈 능력을 주시고, 그 길을 보여주시고, 하나님께서 그 길로 우리의 삶을 인도해주실 것이다.

1 유월절 전에 예수께서 자기가 세상을 떠나 아버지께로 돌아가실 때가 이른 줄 아시고 세상에 있는 자기 사람들을 사랑하시되 끝까지 사랑하시니라 2 마귀가 벌써 시몬의 아들 가룟 유다의 마음에 예수를 팔려는 생각을 넣었더라 3 저녁 먹는 중 예수는 아버지께서 모든 것을 자기 손에 맡기신 것과 또 자기가 하나님께로부터 오셨다가 하나님께로 돌아가실 것을 아시고 4 저녁 잡수시던 자리에서 일어나 겉옷을 벗고 수건을 가져다가 허리에 두르시고 5 이에 대야에 물을 떠서 제자들의 발을 씻으시고 그 두르신 수건으로 닦기를 시작하여 6 시몬 베드로에게 이르시니 베드로가 이르되 주여 주께서 내 발을 씻으시나이까 7 예수께서 대답하여 이르시되 내가 하는 것을 네가 지금은 알지 못하나 이 후에는 알리라

chapter 05

끝까지 사랑하시니라

요한복음 13장을 설교하기 위해 오래 묵상하며 지냈던 때가 있었다. 그렇게 묵상하다 보니, 설교하기 위해서가 아니라 나 자신을 말씀 앞에 앉히고 오롯이 하나님의 은혜를 구하는 시간이 되었다. 하나님이 나에게 주신 말씀이었다.

'하나님, 누군가를 사랑할 수 있는 힘, 누군가를 용납할 수 있는 은혜가 목회자인 제게 정말 필요합니다.'

내 안에 이 은혜가 부족하다는 것을 직면하면서 하나님 앞에 매달릴 수밖에 없었다. 목사로서 '사랑'이라는 주제를 설교한다는 것이 정말 쉽지 않은 일이라는 것을 뼈저리게 느꼈다. 노력하고는 있지만 정말 쉽지 않은 일이었다. 설교를 준비하는 내내 마음속 깊은 곳에서 메아리치는 소리가 있었다.

'너나 잘하세요!'

부활하신 예수님이 베드로에게 물으셨다.

"요한의 아들 시몬아 네가 나를 사랑하느냐?"

그러자 베드로는 "근심하여 이르되 주님 모든 것을 아시오매 내가 주님을 사랑하는 줄을 주님께서 아시나이다"(요 21:17)라고 대답했다. 나 역시 '근심의 때'를 지나고 있는 것 같았다.

그런 내게 도전이 되었던 것은, 근심하여 거기서 머물고 끝나는 것이 아니라 "내가 주님을 사랑하는 줄을 주님께서 아시나이다"라고 고백했다는 것이다. 베드로가 근심과 고뇌의 자리에 머무는 것이 아니라 하나님 앞에 사랑하는 마음을 드리고 결단하는 자리까지 나아갔다는 말씀을 접하면서 나는 담대함을 얻을 수 있었다.

'하나님 그렇습니다. 하나님의 은혜를 힘입어서 하나님을 사랑하고 또 이웃을 사랑하는 자리로 나아가기를 결단합니다.'

내 안에서 '너나 잘하세요'라고 메아리치는 정죄감과 씨름하면서, 나는 이것을 기도제목으로 삼게 되었다. 나에게 주셨던 이 은혜를 나누고 싶다.

마지막 날, 예수님의 가르침

스피노자는 이런 말을 했다.

"비록 내일 지구의 종말이 온다 하여도 오늘 한 그루의 사과나무를 심겠다."

오늘이 인생의 마지막 날이라면 무엇을 하겠는가? 예수님은 십자가 죽음을 앞두신 마지막 날 저녁에 무엇을 행하셨는가? 이제 내일이면 십자가에서 죽임을 당하실 예수님은 그 마음을 이렇게 표현하신다.

유월절 전에 예수께서 자기가 세상을 떠나 아버지께로 돌아가실 때가 이른 줄 아시고 세상에 있는 자기 사람들을 사랑하시되 끝까지 사랑하시니라 요 13:1

제자들과 함께하는 마지막 날, 그 소중한 시간에 제자들을 위해서 뭔가 해주고 싶으셨던 예수님의 마음이 고스란히 드러난다. 끝까지 제자들을 사랑하신다는 예수님의 마음이 가득 표현되어 있다. 이 사랑의 마음으로 예수님이 하신 일이 바로 최후의 만찬과 세족식이었다.

저녁 잡수시던 자리에서 일어나 겉옷을 벗고 수건을 가져다가 허리에 두르시고 이에 대야에 물을 떠서 제자들의 발을 씻으시고 그 두르신 수건으로 닦기를 시작하여 요 13:4,5

외출했다가 집에 들어오면 가장 먼저 하는 일이 발을 씻고 손을 씻는 것이 당시 관습이었다. 그런데 말씀 정황을 놓고 보면 최후의 만찬이 이루어지는 상황에서도 제자들이 발을 씻지 않았다는 것을 짐작할 수 있다. 아마 집에 들어오는 사람들의 발을 닦아주는 일은 하인이나 허드렛일을 하는 사람들이 했을 것인데, 이 저녁에는 누구도 나서서 그런 일을 하지 않았다는 것을 생각해볼 수 있다.

또 이 만찬의 분위기가 어떠했는지에 대해 누가는 이렇게 상세하게 기록한다.

또 그들 사이에 그중 누가 크냐 하는 다툼이 난지라 눅 22:24

최후의 만찬 자리는 은혜로운 분위기가 아니라 제자들이 서로 다투는 분위기였다. 예수님은 이제 곧 십자가에 달려 죽으시는데 제자들은 아무것도 모르는 상황이었다. 이때 예수님이 직접 일어나서서 대야에 물을 담아 제자들의 발을 닦아 주기 시작하셨다.

최후의 만찬이나 세족식을 보면 예수님이 마지막 날 제자들에게 가르쳐주고 싶고 꼭 전해주고 싶었던 메시지가 분명히 있었던 것 같다. 뭔가 의도가 있으셨던 것이다. 그리고 그 마음을 제자들에게 나누어주신다.

예수께서 대답하여 이르시되 내가 하는 것을 네가 지금은 알지 못하

나 이후에는 알리라 _{요 13:7}

예수님은 지금은 제자들이 모를지라도 나중에라고 알고 깨닫게 되기를 바라는 마음으로 세족식을 행하신 것이다.

서로의 연약함을 드러내라

혹시 교회나 가정에서 세족식을 해본 적이 있는가? 제자훈련을 할 때면 가정에서 세족식을 하라는 숙제가 주어진다. 그러면 집사님들은 머리를 싸맨다.

'내가 남편의 발을 닦아야 하다니.'

그러면서 기도에 들어가는 분들도 있다. 이렇게 가정에서도 쉽지 않은 세족식을 교회에서 하는 것은 더 어렵다.

예전에 청년부 사역을 할 때였다. 담당 목사님께서 청년 리더들을 위해서 세족식을 진행하셨다. 당시 세족식 예고를 들었던 청년들은 기대하는 함성을 쏟아낸 것이 아니라, 탄식하며 그날은 예배에 오지 않겠다는 농담 반 진담 반의 이야기를 하는 분위기였다.

당일이 되자 민망하기도 하고 어색하기는 했지만 감사하게도 은혜롭게 세족식을 마쳤다. 세족식을 마치고 나서야 청년들이 그동안 있었던 비하인드 스토리를 나누기 시작했다. 새 양말을 신고 온 사람부터 발 관리를 받고 온 사람까지 다양했다. 재미있는 에피소드들이 많았는데, 요지는 누군가에게 발을 보여주는 것이 부끄러웠다는 것이다.

사랑하는 사람의 얼굴이 있는 사진을 책상에 두는 것은 많이 보았지만, 사랑하는 사람의 발 사진을 책상에 두는 사람은 본 적이 없다. 이처럼 누군가에게 발을 보여준다는 것은 참 부끄럽고 어려운 일이다. 이 일을 통해 예수님은 제자들을 향해서 이런 도전을 하고 계신다.

'앞으로 너희들의 수치, 너희들의 냄새나는 것, 너희들의 그 부끄러운 부분들을 서로에게 내밀어야 한다.'

세족식을 통해 제자들에게 이런 의미를 가르쳐주고 계시는 것이다. 지금은 알지 못하지만 나중에 우리가 얼마나 냄새나는 존재인지, 우리가 얼마나 수치스러운 존재인지를 서로가 알게 되는 때가 올 것이다. 예수님을 배신했다는 수치, 예수님을 팔아버렸다는 수치.

예수님은 그때 제자들이 서로 숨어서 그 수치와 죄책감을 끌어안고 고통 가운데 살기를 바라지 않으셨다. 자신의 부끄러운 모습, 연약한 모습을 서로 드러내고, 서로 씻어주기를 원하셨다. 그래서 예수님이 먼저 제자들의 발을 씻겨주신 것이다.

내가 주와 또는 선생이 되어 너희 발을 씻었으니 너희도 서로 발을 씻

어 주는 것이 옳으니라 내가 너희에게 행한 것같이 너희도 행하게 하
려 하여 본을 보였노라 요 13:14,15

그래서 세족식을 기록한 요한은 이 장면을 떠올리며 요한일서
에 이렇게 기록한다.

만일 우리가 우리 죄를 자백하면 그는 미쁘시고 의로우사 우리 죄를
사하시며 우리를 모든 불의에서 깨끗하게 하실 것이요 요일 1:9

'자백'(고백)은 헬라어로 '호몰로게오'인데, 이 말은 '호모스'와
'레고'의 합성어이다. '호모스'는 '있는 그대로'란 뜻이고, '레고'는
'말하다'라는 뜻이다. 즉, 자신의 수치심과 죄를 있는 그대로 드
러낸다는 의미다. 수치심의 자리에 빠졌을 때, 연약함을 감추고
싶을 때, 오히려 그때가 서로의 부끄러운 발을 내밀어야 하는
때라는 것이다. 그것이 고백과 자백의 의미다. 그 발을 내밀고
서로 씻어주도록 예수님이 친히 본을 보여주셨다.

사도 요한은 왜 이 이야기를 초대교회에 강조했을까? 본인
스스로가 수치와 감추고 싶었던 부끄러움들을 내밀고 깨끗하
게 씻음 받았던 경험을 했고, 지금은 모르지만 후에는 다 알게
될 것이라 하신 예수님의 배려와 사랑의 의미를 깨달았기 때문
이다.

성경을 보면 죄책감과 수치심에 빠져 고통을 겪었던 인물이 나온다. 바로 다윗이다. 다윗이 밧세바와 동침 후 약 5주가 흘렀을 때 밧세바로부터 아이를 임신했다는 소식을 전해 듣는다. 그때 다윗은 밧세바의 남편인 우리야를 죽여 자신의 죄를 덮는다. 죄를 덮다가 더 큰 죄를 짓게 된 것이다.

놀라운 것은 하나님의 마음에 맞는 사람이라고 평가받았던 다윗이 아이가 태어나기를 기다리는 열 달 동안 기도했다는 기록이 단 한 번도 등장하지 않는다는 점이다. 오히려 반대로 죄를 덮어 부끄러움을 감추고 죄책감 속에 살았다. 그는 그 순간의 고통을 이렇게 묘사한다.

내가 입을 열지 아니할 때에 종일 신음하므로 내 뼈가 쇠하였도다 주의 손이 주야로 나를 누르시오니 내 진액이 빠져서 여름 가뭄에 마름 같이 되었나이다 시 32:3,4

그는 뼈가 쇠하고, 진액이 빠지는 것 같은 고통스러운 시간을 보냈다. 이처럼 부끄러움을 감추고 살아가는 것은 고통스러운 일이다. 죄책감을 품고 살아가는 것은 힘든 일이다. 제자들은 앞으로 겪게 될 상황을 모르고 있지만, 예수님은 앞으로 오게 될 그 상황에서 그들이 수치에 빠지지 않길 바라셨다. 이런 모습을 놓고 볼 때 세족식이라는 것은 제자들을 향한 배려의 마음이 담겨 있는 놀라운 사랑의 의식이다.

스스럼없이 발을 내미는 어린아이의 모습으로

우리 아이들은 양말 신는 것을 별로 좋아하지 않는다. 항상 맨발이다. 맨발로 밖에서 놀다가 집으로 들어오면 발바닥이 얼마나 더러운지, 마루에 발자국이 그대로 남았다. 이대로는 안 되겠어서 아이를 현관에서 안아 들고 화장실로 옮겨 변기 뚜껑 위에 앉혀 놓고는 발을 씻어주곤 했다.

아이들의 발에서도 냄새가 난다. 그 조그만 발에서 나는 냄새가 어른 못지않다. 시커멓고 냄새나는 발을 닦아주고 있는데, 갑자기 우리 아들이 시커먼 발을 내 입술 앞에다 내밀면서 "아빠 먹어"라는 것이다. 이게 초콜릿이라는 것이다.

아들의 뻔뻔함과 당돌함에 헛웃음이 나왔지만, 당황한 내색을 하지 않으려고 코를 막고 발에다 뽀뽀하는 시늉을 해줬다. 그랬더니 다른 발도 내밀면서 "아빠, 이건 사탕이야. 빨아 먹어"라는 게 아닌가! 기가 막히던 그 순간, 이런 생각이 들었다.

'이 아이는 아빠 앞에 더러운 발을 내미는 것이 부끄럽지 않구나!'

청년들만 되어도 세족식을 한다고 하니 비좁은 교회 화장실에서 발을 닦고 새 양말을 사느라 난리가 난다. 하지만 아직 순수한 아이들은 아빠 앞에 그 발을 내미는 것에 전혀 부끄러움이 없다. 이 모습을 보면서 하나님 앞에서 우리의 모습도 이래야 하지 않을까 생각이 들었다. 연약한 모습까지도 하나님 앞에 내밀 수 있는 데까지 나아가야 되지 않는가 생각해보았다.

우리가 우리의 발을 예수님 앞에 내밀 수 없다면, 그 역시 건강한 것이 아니라는 것을 예수님은 베드로에게 가르쳐주셨다.

> 베드로가 이르되 내 발을 절대로 씻지 못하시리이다 예수께서 대답하시되 내가 너를 씻어 주지 아니하면 네가 나와 상관이 없느니라
>
> 요 13:8

베드로가 어떤 사람인가? 그는 정말 초인적인 훈련을 받은 사람 아닌가? 물 위를 걷기도 했고, 귀신 들린 사람에게서 귀신을 내쫓기도 했고, 병든 사람을 고치기도 했고, 기도도 했다. 놀라운 훈련을 다 통과한 사람이었다. 그런 베드로에게 한 가지 부족한 훈련이 있었다. 예수님 앞에 더러운 발을 내미는 훈련이 안 되어 있었던 것이다.

이 모습이 우리의 모습은 아닌가? 말씀도 보고, 기도도 하고, 묵상도 하고, 성도 간의 교제도 나누고, 다락방에 잘 참석하고, 예배도 드리지만, 하나님 앞에서 감추고 싶은 더러운 내 모습들을 너무 포장하고 있지는 않은가? 예수님 앞에서조차 발을 빼

는 베드로의 모습이 지금 우리의 모습은 아닌지 돌아보았으면 좋겠다.

예배하는 시간은 하나님 앞에 발을 내미는 시간이다. 세상을 살아가면서 더럽혀진 그 발을 하나님 앞에 내미는 시간이다. 공동체 안에서의 소그룹 나눔 시간은 내 안의 수치, 부끄러운 내 모습을 성도들과 함께 나누고 함께 울고 함께 웃는 시간이다.

개인적으로 나에게 쉽지 않은 훈련이기도 하다. 늘 설교를 하고 찬양인도도 하지만 내 약한 모습을 누군가에게 드러내는 것이 내게는 너무 어려웠다. 하지만 신앙생활을 하면 할수록 하나님이 끊임없이 이 부분을 훈련해 가시는 걸 경험한다. 아빠 앞에서 자신의 더럽고 냄새나는 발을 전혀 스스럼없이 내미는 우리 아이처럼 그렇게 나도 어린아이의 모습으로 하나님 앞에 나아가고자 한다.

부끄러움 때문에 아픔을 감추고 사는 어리석음

개척을 준비하는 동안에도 하나님 앞에서 이 훈련을 받았다. 3년 전, 나는 디스크 파열로 꽤 고생했었다. 한 병원에서는 수술을 하자고 권할 정도였다. 또 다른 병원을 찾아가 보니 수술 대신 꾸준한 관리를 제안하셔서 그때 이후로 체중도 감량하고 노력을 정말 많이 했다. 당시 17킬로그램을 감량했고, 거의 매일 허리에 좋다는 운동을 했다. 그렇게 해서 어느 정도 회복이 된 상태였는데, 아이들과 함께 놀이터에서 '꼬마야 꼬마야' 줄넘기를 하면서 '땅을 집어라'를 하다가 재발되어버렸다.

꼼짝할 수 없을 정도로 통증이 극심했다. 예전의 악몽이 다시 떠올랐다. 한창 개척을 준비해야 하는 상황인데 수술이라도 한다면 큰일이 아닐 수 없었다. 제대로 앉지도 서지도 못하고, 걷지도 못하자 동료 목사들이 내가 섬기는 교구에 여 순장님이 운영하는 병원에서 치료를 받고 회복된 경험을 말하며 빨리 그 병원으로 가보라고 조언해주었다. 그래서 어떻게 치료받았는지를 물어보니, 꼬리뼈에 주사 치료를 받는데 부끄러움은 잠깐이고 빠르게 회복되었다고 말해주었다. 하지만 나는 엉덩이 꼬리뼈에 주사를 맞는다니, 그것도 여 순장님에게 주사를 맞아야 한다니, 생각만 해도 부끄러웠다.

그러다 문득 주사 맞는 것이 부끄러워서 병원에 가지 않으려는 내 모습이 참 한심했다. 부끄럽기 때문에 디스크 통증을 안고 살아가는 모습이 오늘날 나를 포함한 많은 그리스도인들의 모습은 아닌가 생각해보게 되었다.

내내 마음에 진통이 있었지만, 끝내 결단하고 병원에 가서 주사를 맞았다. 금세 통증이 사라지고 회복되었다. 만약 미련하게 부끄러움 때문에 병원에 가지 않았다면, 여전히 고통 속에서 살고 있었을 것이다.

다시 한번 강조하지만, 예배하는 시간은 내 수치, 내 부끄러움을 하나님 앞에 고백하는 자리다. 냄새나는 발도 괜찮다. 성도 간의 교제 안에서도 이 같은 모습이 있어야 한다. 좋은 모습만 보여주려고 하고 나쁜 모습은 감추려고 하는 본성과 씨름해야 한다. 발을 내밀 수 있는 교회, 그런 공동체를 통해 주님이 내 수치를 닦아주신다.

나에게 이르시기를 내 은혜가 네게 족하도다 이는 내 능력이 약한 데서 온전하여짐이라 하신지라 그러므로 도리어 크게 기뻐함으로 나의 여러 약한 것들에 대하여 자랑하리니 이는 그리스도의 능력이 내게 머물게 하려 함이라 고후 12:9

용납하시는 하나님의 사랑을 경험하며 신앙생활하는 우리 모두가 되기를 소망한다. 그래서 약한 것을 자랑할 수 있는 은혜와 용납을 경험하는 시간이 되길 간절히 바란다.

서로를 용납하라

예수님이 제자들의 발을 닦으시는 장면이 은혜로우면서도 부담스러웠던 이유가 있었다. 바로 예수님의 이 말씀 때문이었다.

내가 주와 또는 선생이 되어 너희 발을 씻었으니 너희도 서로 발을 씻어 주는 것이 옳으니라 내가 너희에게 행한 것같이 너희도 행하게 하려 하여 본을 보였노라 요 13:14,15

예수님은 우리도 그렇게 해야 한다고 말씀하신다. '세족식의 정신은 너희가 하는 것이다'라고 강조하신다. 나는 과연 예수님처럼 누군가의 냄새나는 발을 잘 닦아줄 수 있는 존재인가? 누군가를 그렇게 사랑할 수 있을 만한 은혜가 내 안에 있는가?

정말 그 은혜를 구하면서 씨름했던 몇 주간이었다. 나를 가장 망설이게 했던 것은 본전 생각이었다.

'이렇게 사랑하고, 이렇게 해줬는데 그 사람이 이걸 모르면 어떻게 하지?'

본능과 성경의 가르침이 충돌하고 본문의 수준에 한참 미치지 못한 내 모습을 보면서 정말 하나님의 은혜를 구하지 않을 수 없었다.

세족식 이후에 어떤 일이 벌어지는가? 예수님은 십자가에 달려 죽으시고, 베드로는 예수님을 부인하고 저주까지 한다. 그렇게 믿음직했던 가룟 유다는 은 30에 예수님을 팔아버린다. 마가는 벌거벗고 도망쳤다. 이 모든 일들을 제자들이 서로 다 알게 된다.

예수께서 대답하여 이르시되 내가 하는 것을 네가 지금은 알지 못하
나 이 후에는 알리라 요 13:7

은혜롭게 세족식을 나누었던 24개의 발은 예수님을 저주하고
부인하고 도망치는 발이 되었다. 서로 너무 부끄러운 자리에 처
하게 되었다. 서로 너무 감추고 싶은 모습들이 드러나는 순간이
왔다.

우리에게도 예수님을 배신하고, 예수님의 뒤통수를 치고, 서
로 이간질하는 상황이 온다. 그럼에도 불구하고 그 발을 닦아
줄 수 있는지 주님은 물으신다.

'나중에 너희들이 깨닫게 될 거야. 너희들이 내 뒤통수를 치는
것, 너희들이 나를 배신하는 것들을 너희들이 서로 다 알게 될
거야. 그런데 그럴 때일수록 꼭 기억해야 되는 것이 있다. 그럴
때일수록 해야 하는 일이 있다. 그게 세족식이다.'

이것을 제자들에게 가르쳐주신 것이다. 영적인 의미 안에서 이
런 세족식이 늘 있는 교회가 될 수 있기를 소망한다. 가정 안에
서 이런 세족식이 이루어질 수 있기를 축복한다. 정말 서로를 용
납하고 냄새나는 발을 닦아줄 수 있는 가정들이 되기를 바란
다. 한편으로 그러기에는 너무나 부족한 자신을 직면하며 하나

님의 은혜를 구하는 우리 모두가 되기를 소망한다.

수치보다 사랑이 더 크다

발은 깨끗한 게 아니다. 내 발을 볼 때마다 너무 부끄럽다. 너무 부족한 삶을 살아온 내 발을 닦아주셨던 예수님은 넘어지고 일어섬을 반복할 나를 너무 잘 아셨을 텐데도 용납해주셨다. 그래서 발을 볼 때마다 그 예수님의 손길이 떠오른다.

제자들의 수치보다 예수님의 사랑이 훨씬 컸다. 제자들의 연약함과 더러움보다 예수님의 용서가 더욱 더 크다.

예수님은 자신을 부인할 발을 닦아주신다. 은 30냥에 예수님을 팔아버리고 뒤통수치고 배신할 것을 아셨음에도 예수님은 그 발을 닦아주셨다.

그들이 무엇을 하기 전에 먼저 예수님이 그들을 사랑하셨다. 예수님은 제자들이 이것을 깨닫기 바라셨다. 제자들은 자신들의 발을 볼 때마다 예수님을 부인하고 도망칠 것을 다 아셨음에도 그 발을 닦아주신 은혜에 감격하며 살아갔을 것이다. 자신의 발을 바라볼 때마다 이 은혜를 잊지 않기를 바란다. 이 은혜를 기억하면서 세족식의 의미를 되새기길 바란다.

"너희도 행하게 하려 하여 본을 보였노라"(요 13:15).

내 발을 닦아주신 하나님의 은혜에 감격하는 것에서 한발 더 나아가 내 남편, 내 아내, 내 자녀, 공동체 지체들, 내 주변에 있는 누군가의 발을 닦아줄 수 있는 은혜를 구하는 자리로 나아가게 되기를 소망한다.

서로 친절하게 하며 불쌍히 여기며 서로 용서하기를 하나님이 그리스도 안에서 너희를 용서하심과 같이 하라 엡 4:32

우리의 삶에 이런 은혜가 가득할 수 있기를 주님의 이름으로 축복한다.

16 내가 아버지께 구하겠으니 그가 또 다른 보혜사를 너희에게 주사 영원토록 너희와 함께 있게 하리니 17 그는 진리의 영이라 세상은 능히 그를 받지 못하나니 이는 그를 보지도 못하고 알지도 못함이라 그러나 너희는 그를 아나니 그는 너희와 함께 거하심이요 또 너희 속에 계시겠음이라 18 내가 너희를 고아와 같이 버려두지 아니하고 너희에게로 오리라

chapter 06

주님이 내 연약함을 도우신다

《사도행전적 교회를 꿈꾼다》라는 책이 있다. 고(故) 하용조 목사님이 쓰신 책인데, 목사님은 이 땅에 오신 예수님에게 세 가지 비전이 있으셨다고 말한다.

첫 번째 비전은 십자가, 두 번째 비전은 교회, 세 번째 비전은 우리에게 성령님을 보내주시는 것이다. 하 목사님은 특히 세 번째 비전인 성령님을 우리 가운데 보내주시는 일이야말로 예수님이 이 땅에 오신 중요한 목표 중에 하나였다고 강조한다.

예수님이 승천하신 후에, 약속하신 성령님이 정말로 제자들 가운데 임하셨다. 그리고 약속하신 성령님은 시간을 이어 오늘날 우리 가운데도 임하여 계신다.

그렇다면 성령 하나님을 우리에게 보내주시는 것이 왜 그토록 중요한 일이었는지, 그리고 성령 하나님이 오신 것이 왜 우리에게 기쁨과 소망이 되는지 생각해보자.

성경에서 성령님을 가리키는 '보혜사'라는 단어는 요한복음

14장 16절에 처음 등장한다.

> 내가 아버지께 구하겠으니 그가 또 다른 보혜사를 너희에게 주사 영
> 원토록 너희와 함께 있게 하리니 그는 진리의 영이라 세상은 능히 그
> 를 받지 못하나니 이는 그를 보지도 못하고 알지도 못함이라 그러나
> 너희는 그를 아나니 그는 너희와 함께 거하심이요 또 너희 속에 계시
> 겠음이라 요 14:16,17

'보혜사'는 신앙생활을 하면서 자주 듣는 말이지만, 성경에는 네 번 언급될 뿐이다. 네 번 모두 요한복음에 나오며, 그중 두 번이 본문인 요한복음 14장에 등장한다.

국어사전에서 '보혜사'를 찾아보면, "성삼위 중의 하나인 하나님의 영을 이르는 말. 기독교 신자의 영적 생활의 근본적인 힘이 되는 본체"라고 되어 있다. 이 설명을 봐도 '보혜사'가 성령님을 의미한다는 것까진 알겠는데, 정확히 무슨 뜻인지 이해하기가 쉽지 않다.

단어의 뉘앙스를 제대로 파악하려면 헬라어 어원을 살펴봐야 하는데, 보혜사는 헬라어로 '파라클레이토스'이다. 이는 '파라'라는 전치사와 '클레이토스'라는 명사가 결합된 합성어로, '파라'는 '곁에, 옆에, 나란히'라는 뜻이고, '클레이토스'는 '부르심을 받은 이'라는 의미이다. 즉, 보혜사는 '부르심을 받아서 곁에 있

는 이'가 된다.

영어 성경을 보면 의미가 좀 더 선명해진다. 영어 성경에는 역본에 따라 '보혜사'가 세 가지 단어로 표현되어 있다. 'Helper(돕는 자), Counsellor(상담자), Comforter(위로자)'이다. 즉, 우리를 도우시는 분, 우리를 상담해주시는 분, 우리를 위로하시는 분이 보혜사 성령님이시다. 예수님은 우리에게 이 보혜사 성령님을 보내주시겠다고 약속하신 것이다.

세상이 줄 수 없는 것을 주시는 성령님

교회 개척을 준비하면서 간절히 기도했던 기도제목이 있다.

"하나님, 세상이 줄 수 없는 것을 주는 교회가 되기를 원합니다. 세상이 알 수 없는 것을 깨닫게 되는 교회가 되기를 원합니다."

나는 지금도 평촌드림교회가 그런 교회가 되기를 눈물로 기도하고 있다. 이는 인간적인 프로그램이나 이벤트로 가능한 일이 아니다. 전적으로 성령님의 역사하심과 도우심으로만 가능하다.

세상이 줄 수 없는 것, 세상이 알 수 없는 것에 대한 이야기는 보혜사를 설명하고 있는 요한복음 14장 뒷부분에 기록되어 있다.

평안을 너희에게 끼치노니 곧 나의 평안을 너희에게 주노라 내가 너희에게 주는 것은 세상이 주는 것과 같지 아니하니라 너희는 마음에 근심하지도 말고 두려워하지도 말라 요 14:27

세상이 줄 수 없는 그것은 바로 '평안'이다. 이 평안은 부동산이나 주식이 큰 수익이 나서 편안해지는, 그런 종류가 아니다. 자녀가 원하는 대학에 합격하거나 원하는 직장에 취업하여 얻게 되는 뿌듯함 같은 종류도 아니다. 주님이 주시는 평안은 세상이 주는 것과 다른 평안이다.

두려움과 막막함 속에서 한 걸음 한 걸음 걷고 있던 내게 이 27절의 말씀이 얼마나 큰 약속의 말씀으로 다가왔는지 모른다.

가르쳐주시는 성령님의 은혜를 구하라

그런데 27절 말씀은 이것만 보면 안 되고, 바로 앞절인 26절과 함께 살펴봐야 한다. 그래야 27절에서 약속하신 평안이 어떤 의미인지를 밝히 알 수 있다.

보혜사 곧 아버지께서 내 이름으로 보내실 성령 그가 너희에게 모든 것을 가르치고 내가 너희에게 말한 모든 것을 생각나게 하리라 요 14:26

오늘날 수많은 그리스도인들이 교회는 다니지만 이 평안을 누리지 못하는 이유가 무엇인가? 26절을 건너뛰고 27절의 '평안'만을 구하기 때문이다. 성경은 26절을 통해 성령님이 가르치시고 깨닫게 하시는 은혜를 먼저 통과하게 하신 뒤, 다시 말해 성령께서 밝히 알게 하신 후에야 27절에서 평안을 말씀하신다. 26절을 통과하고 나서 참 진리를 깨닫는 자가 참 평안, 즉 세상이 줄 수 없는 평안을 누리게 되는 것이다.

그래서 우리가 가장 먼저 구해야 할 것은 성령님의 '가르치심의 은혜'다. 이 은혜를 구하며 성령님의 지도를 받을 때 참 진리를 아는 자들만이 알 수 있는 평안, 세상이 줄 수 없는 참 평안을 누리며 살아갈 수 있다.

누가복음 24장에 부활하신 예수님이 엠마오라는 지역을 지나고 있는 제자들과 대화를 나누는 장면이 기록되어 있다.

그들이 서로 이야기하며 문의할 때에 예수께서 가까이 이르러 그들과 동행하시나 그들의 눈이 가리어져서 그인 줄 알아보지 못하거늘 예수께서 이르시되 너희가 길 가면서 서로 주고받고 하는 이야기가 무엇이냐 하시니 두 사람이 슬픈 빛을 띠고 머물러 서더라 눅 24:15-17

제자들은 예수님과 함께 동행하며 대화를 나누고 있지만, 슬픈 기색을 감추지 못하고 있었다. 예수님이 곁에 계시는데도 마음이 슬픈 것이다. 참 아이러니한 상황 아닌가?

우리도 이 제자들 같을 수 있다. 교회에 와서 예배를 드리고 믿는 자들과 함께 교제하지만, 마음의 상태는 슬프고 근심이 가득하다. 눈이 가리어졌기 때문이다.

그런데 대반전이 일어난다. 그들의 마음에 변화가 일기 시작한 것이다.

그들의 눈이 밝아져 그인 줄 알아 보더니 예수는 그들에게 보이지 아니하시는지라 그들이 서로 말하되 길에서 우리에게 말씀하시고 우리에게 성경을 풀어주실 때에 우리 속에서 마음이 뜨겁지 아니하더냐 하고 눅 24:31,32

슬픔으로 가득했던 제자들의 마음이 언제, 어떻게 변화되었는가? "우리에게 성경을 풀어주실 때에", 즉 성경을 깨닫게 하시고 하나님의 약속을 가르쳐주시는 성령 하나님의 도우심을 경험하고 나자 그들의 마음은 슬픈 상태에서 가슴이 뜨거워지는 상태로 변화되었다.

사도 바울은 이 은혜의 능력을 알았기 때문에 감옥에 갇혀 있을 때 다른 무엇이 아닌 성령의 가르치심의 은혜를 구했다.

우리 주 예수 그리스도의 하나님, 영광의 아버지께서 지혜와 계시의 영을 너희에게 주사 하나님을 알게 하시고 너희 마음의 눈을 밝히사 그의 부르심의 소망이 무엇이며 성도 안에서 그 기업의 영광의 풍성함이 무엇이며 그의 힘의 위력으로 역사하심을 따라 믿는 우리에게 베푸신 능력의 지극히 크심이 어떠한 것을 너희로 알게 하시기를 구하노라 엡 1:17-19

하나님의 말씀을 읽는 시간, 설교를 듣는 시간, 하나님 앞에서 예배하는 모든 시간에 이 은혜를 구할 수 있기를 바란다.

성령님의 가르치심을 받기 위해 태도를 점검하라

성령님의 가르치심을 경험하기 위해서 우리가 기억해야 할 중요한 것이 있다. 하나님 앞에서 우리의 태도를 점검해야 한다는 것이다. 성령님의 지도가 필요한 존재라는 겸손한 태도가 나에게 있는지 스스로 점검해야 한다.

우리 아이에게 자전거를 가르칠 때의 일이다. 아이가 두발자전거를 배울 때 처음에는 뒤에서 내가 잡아주었다. 그러다 어느 정도 잘 가는 것 같으면 살짝 놓았다가 넘어질 것 같으면 다시 잡기를 반복했다. 그런데 아이가 자신감이 좀 붙었는지 자기 혼자 탈 수 있다며 잡지 말라고 하면서, 혹시나 아빠가 잡을까 봐 계속 돌아보며 눈치를 주었다. 잡지 않겠다고 말하면서도 아이가 비틀거릴 때마다 넘어질까 봐 얼른 달려갔다. 그렇게 아빠의 도움으로 아이는 자전거를 배웠다.

성령님이 우리를 이렇게 도와주신다. 우리는 하나님의 말씀 앞에 섰을 때 스스로의 힘으로 좌로나 우로나 치우치지 않고 잘 갈 수 있다고 생각한다. 하지만 아니다.

"하나님, 저 다 알거든요. 저 장로거든요, 권사거든요. 제가 성경도 봤고, 말씀도 100번은 들었어요. 안 잡아주서도 됩니다."

자전거 배우는 아이의 태도와 똑같지 않은가? 이렇게 가다 보면 하나님의 지도나 가르치심도 필요 없는 상태로 신앙생활을 하고 있는 나를 발견할 수도 있다. 스스로 생각해보고 돌아볼 일이다.

제자훈련 중에 귀납법적 성경연구를 할 때 가장 먼저 하는 작업이 본문 관찰이다. 그래서 성경 본문을 관찰할 때 꼭 기억해야 할 유의사항을 안내한다.

성경 본문을 관찰할 때 가장 먼저 해야 할 태도 :
본문을 읽기 전 잠시 기도한다. 성령의 조명하심을 통해 말씀 속에서 하나님의 음성 듣기를 구한다.

제자훈련을 하면서 주석을 보고, 본문을 쪼개고, 깊이 관찰

하는 훈련을 할 수 있다. 하지만 말씀 앞에 섰을 때 겸손하게 하나님의 도움을 구하는 태도, 이것이 가장 중요하다. 성령님의 도움을 구하는 자세, 하나님의 가르치심을 구하는 태도는 너무나 중요한 본질 중의 본질이다.

설교자로서 나도 늘 이러한 태도로 설교를 준비하고, 그렇게 준비한 말씀 가운데 은혜가 부어지길 간절히 기도하고 있다. 권위 있는 성경 주석을 참고하고, 훌륭한 설교를 참고하면서 이론적으로 부족함 없는 설교를 준비할 수 있다. 하지만 더욱 중요한 것은 살아 계신 하나님의 지도를 받는 것이다. 하나님의 말씀을 전하기 위해서는 간절히 성령님의 지도하심과 깨닫게 하시는 은혜를 구해야 한다. 성령님의 조명하심을 구하며 하나님의 말씀을 준비하고, 하나님의 가르치심의 은혜를 구하며 하나님의 말씀을 선포할 때, 사람의 말을 뛰어넘어 깨닫게 하시는 성령의 역사가 나타난다.

그래서 늘 두렵다. 이론이나 좋은 말들이 가득한 설교가 아니라 성령님의 지도를 통과한 말씀이 선포될 수 있기를 간절히 기도하게 된다. 이렇게 성령님의 지도하심을 통과한 메시지를 통해 세상에서 줄 수 없는 평안이 교회 안에 가득해진다고 믿기 때문이다. 많은 성도들이 이 평안을 사모하며 예배의 자리로 모이기 때문이다.

교회 안에, 소그룹 안에 이 은혜가 부어져야 한다. 목회자뿐 아니라 교회의 모든 지도자들이 겸손을 잃지 않아야 한다. 은혜를 구하지 않고서 하나님의 말씀을 전하지 않도록 해야 한다. 소그룹 리더 10년 차쯤 되면, 성경을 깊이 묵상하지 않아도, 기도를 조금 게을리해도 그간 쌓인 노하우로 얼마든지 할 수 있다고 한다. 하지만 노하우로 가면 큰일 난다. 자전거 배우는 아이가 조금 익숙해졌다고 혼자 멋대로 달리다가는 넘어진다.

가정에도 이 은혜가 필요하다. 성령님의 지도를 받지 않고도 얼마든지 자녀를 양육할 수 있다는 생각을 주의해야 한다. 세상의 어떤 부모도 자식 잘못되라고 잔소리를 하지 않는다. TV 프로그램을 보면서 오은영 박사가 하라는 대로 하고 있지만, 성령님의 지도가 빠져 있지는 않은지 점검해봐야 한다.

"하나님, 저는 이 아이를 어떻게 양육해야 할지 모릅니다. 하나님, 지혜를 주십시오. 이 아이를 가르칠 수 있는 성경의 말씀을 저에게 알려주십시오."

이런 은혜를 구하는 가정에 하나님께서 세상이 줄 수 없는 은혜를 주실 것이다.

신앙생활을 하다 보니 옳다고 생각한 것이 옳은 것이 아닐 때가 참 많았다. 중요한 것은 옳은 것을 찾는 게 아니라 성령님의 지도를 받는 것이다. 성령님의 지도를 받는 것과 받지 않는 것, 이 둘 사이에는 반드시 차이가 나타난다. 그 차이는 결정적이다. 우리 모두가 성령님의 도움을 받아야 할 존재임을 인정하고, 성령님이 가르쳐주시는 은혜를 사모하자. 참 진리를 아는 은혜로 충만해지기를 사모하자. 세상이 줄 수 없는 평안을 경험하는 우리 모두가 되길 축복한다.

위로하시는 성령님의 은혜를 구하라

보혜사 성령님을 영어로 'Comforter', 즉 위로자라고 하였다. 또한 성령님은 'Counsellor', 우리의 마음을 살피시고 위로하시는 분이다.

이제 곧 떠난다는 예수님의 말씀을 들은 제자들이 어린아이처럼 두려워하자 예수님은 이렇게 말씀하신다.

내가 너희를 고아와 같이 버려두지 아니하고 너희에게로 오리라

요 14:18

'고아'로 번역된 헬라어 '오르파노스'는 단순히 '고아'라는 의미보다는 '보호자가 없는, 선생을 빼앗긴, 사별한, 가족을 잃은'이라는 여러 의미를 담고 있다. 다시 말해, '곁에 있던 보호자를 잃은 자'라는 의미다. 예수님은 제자들을 이런 상태로 내버려두지 않고, 곁에 계실 것이라고 약속하신다.

일반적으로 자녀가 성인일 경우에는 부모님이 돌아가셨다고

해도 '고아'라고 말하지 않는다. 부모님의 돌봄의 손길이 필요한 아이들의 경우 부모님이 돌아가셨을 때, 그런 아이를 두고 고아라고 한다. 예수님이 보시기에는 우리 모두가 고아 같다고 하신다. 부모님의 도움이 절실한 아이들처럼 우리도 하나님의 도움이 철저히 필요한 존재들이다. 그리고 예수님은 그런 우리를 혼자 두지 않을 것이라고 말씀하신다. 정말 위로가 된다.

주님 앞에 솔직할 때 위로를 받는다

신앙생활을 하다 보면 아이들을 통해서 귀한 영적 교훈을 배울 때가 많다. 그중에서 가장 배우고 싶은 점은 '솔직함'이다.

둘째 아이가 유치원에서 체험학습을 다녀왔다. 코로나19 팬데믹으로 계속 외부 활동을 못 하다가 처음으로 다녀온 것이었다. 아이가 집에 오자마자 하는 첫 마디가 "나 다쳤어"라는 것이다. 깜짝 놀라서 "어디, 어디? 어디를 다쳤어?" 하며 아이를 살폈는데, 자세히 봐도 보일까 말까 한 작은 상처가 있었다. 그렇게 아이를 살피고 있으니, 질투가 난 큰아이가 이미 다 나아서 흔적도 없는 예전에 다쳤던 곳을 보여주며 엄살을 부렸다.

이게 엄살이기도 하지만, 그 아이들의 엄살 이면에는 솔직함이 있다. 부모님 앞에서 보이는 이런 솔직한 태도가 하나님 앞에 선 우리의 모습이어야 하지 않을까 생각하게 된다.

신앙생활을 하는 많은 성도가 오해하는 게 있다. 무조건 참아야 한다는 생각이다. 하나님 앞에서는 안 그래도 된다. 하나님 앞에서는 아프면 아프다고, 힘들면 힘들다고 고백할 수 있어야 한다. 하나님 앞에서만이 아니라 교회 안에서도 말할 수 있어야 한다. 우리가 보혜사 성령님의 돌봄을 경험하려면 아이들처럼 솔직해져야 한다. 사도 바울을 보라.

그리스도의 고난이 우리에게 넘친 것같이 우리가 받는 위로도 그리스도로 말미암아 넘치는도다 고후 1:5

바울은 고난이 넘친다면서 위로도 넘친다고 말한다. 그의 고백 안에 고난과 위로, 이 두 가지가 함께 있다. 우리의 고백을 돌아보자. 힘들다는 얘기는 꾹 참고 '위로가 넘친다, 이런 위로를 받았다'라는 이야기만 하고 있지는 않은가? 그러나 성경은 '고난이 넘친 것같이 위로도 넘친다'라는 이 균형을 가르쳐준다.

사도 바울만이 아니다. 예수님도 솔직하게 그런 모습을 드러내신다. 우리 생각에 예수님에게는 연약함이란 조금도 없고 100퍼센트 완벽함만 있는 슈퍼맨 같으시지만, 그렇지 않다. 예수님은 연약한 모습을 하나도 감추지 않으셨다.

이에 말씀하시되 내 마음이 매우 고민하여 죽게 되었으니 너희는 여 예수님은 제자들 앞이라고 체면을 세우시지 않으셨다. 슈퍼맨인 척하지 않으셨다. 매우 고민하고 슬퍼하시며 솔직하게 고민을 나누셨다. '참아야 하느니라'라고 하지 않으셨다. 오히려 이렇게 말씀하신다.

'이제 내가 곧 죽게 될 텐데, 십자가 앞에서 내 마음이 너무나 괴롭구나. 정말 슬프다. 조금만 내 곁에 있어주면 안 되겠니? 한 시간만이라도 내 곁에서 나를 위해 기도해줄 수 없겠니?'

그리고 예수님은 이렇게 기도하셨다.

조금 나아가사 얼굴을 땅에 대시고 엎드려 기도하여 이르시되 내 아버지여 만일 할 만하시거든 이 잔을 내게서 지나가게 하옵소서 그러나 나의 원대로 마시옵고 아버지의 원대로 하옵소서 하시고 마 26:39

이 잔은 십자가였다. 하용조 목사님이 말씀하셨던 이 땅에 오신 예수님의 첫 번째 비전인 그 십자가다. 예수님은 십자가를 지시기 위해 이 땅에 오셨는데, 십자가를 지시기 직전에 그 십자가를 지나가게 해달라고 기도하셨다. 그러고 나서야 "나의 원대로 마시옵고 아버지의 원대로 하옵소서"라고 기도하셨다.

예수님이 그저 당당하고 묵묵하게 십자가를 향해 가신 것이 아니다. 인간으로 오신 예수님은 제자들을 향해 솔직하게 자신의 마음을 나누셨다. 그리고 하나님을 향해서도 솔직하게 잔을 옮겨달라고 기도하셨고, 그럼에도 자신의 원이 아닌 아버지의 원대로 되게 해달라는 기도를 하셨다.

교회 안에서 성숙한 기도라고 하면서 솔직함은 다 사라지고 '나의 원대로 마시옵고 아버지의 원대로 되기를 원합니다'만 남는 일이 얼마나 많은지 모른다. 심방하다가 기도제목을 여쭤보면 "다 주님 뜻대로 되길 원합니다"라고 하시는 분이 많다. 물론 참 좋은 기도다.

하지만 심방 시간은 '이 잔을 내게서 지나가게 하옵소서'의 이야기를 나누는 시간이다. 신앙이 자란다는 것은 하나님 앞에서 마음의 연약함과 아픔을 솔직하게 말씀드리는 것이고, 공동체 앞에서 이것을 솔직하게 나누는 것이다. 이것이 건강한 신앙생활이며 건강한 공동체다. 우리의 신앙생활에 이러한 솔직함이 있는가? 하나님 앞에 드리는 우리의 기도에 이런 진솔함이 있는가?

솔직하게 울고 웃고 기도하라

담임목회자에게는 '하지 마' 리스트가 있다. 그중 하나가 "성도들 앞에서 힘든 티 내지 말라"는 것이다. 그런데 목회자라고 어떻게 늘 기쁘고 좋기만 하겠는가? 사실 죄스럽고 아플 때가 더 많은 것 같다.

교회를 분립 개척한 후, 주일마다 마음에 큰 죄를 짓는 것 같은 무거움이 있었다. 시간이 지날수록 그 무거움이 너무 커서 마음이 많이 힘들었다. 그 어려움 가운데 하나가, 교회를 분립하면서 하나님과 한국교회 앞에 드린 약속 때문이었다. 인근 교회 성도들의 수평 이동을 받지 않겠다는 약속인데, 그 약속을 지키는 과정이 내가 생각했던 것보다 훨씬 더 고통스러웠다.

"아파서 병원에 왔는데 환자를 받아주지 않는 것이 옳은 것입니까?"라며 눈물을 흘리는 성도를 보면, 큰 죄를 짓는 것 같아서 잠을 이루기 힘들 정도였다.

동시에 우리 교회가 인근 교회들에 어려움을 끼치고 있는 것은 아닌지도 염려되면서 죄송스런 마음이 들었다. 대형교회에서 분립 개척한 상황이라, 주변 교회들이 어려워한다는 이야기가 이따금 들려왔기 때문이다. 그런 이야기를 전해 들을 때마다 마음이 너무 무거워서 견디기 어려웠다. 교회로 인해 학교가 어려움을 겪었다는 이야기를 들을 때도 마음이 철렁했다.

그러다 보니 예배 시간에 찬양을 드릴 때 내 마음이 무너지기도 하고, 그런 모습이 영상에 담기기도 했다. 그러면 너무 부끄러워서 그 영상을 내리고 싶은 마음도 든다. 하지만 담임목사부터 솔직해지는 게 좋다. 나는 앞으로 솔직히 다 나누어야겠다고 결단했다. 하나님께도, 성도들에게도.

믿는 자들의 공동체 안에서는 이런 나눔이 부끄럽지 않기를 소망한다. 하나님 앞에 그 마음을 솔직하게 고백하고, 공동체 안에서 솔직하게 나누며 함께 기도할 때, 보혜사 성령 하나님의 위로하심의 역사가 우리 가운데 임할 것이다.

이후에 내가 부끄러워 내리고 싶었던 그 영상들을 보고 이름 모를 분들로부터 많은 격려와 위로의 메시지를 받았다. 또 우리 교회에 등록하시려다 못하신 인근의 한 성도는 "목사님이 이렇게 힘들어하실 줄 몰랐습니다. 지금 다니는 교회에서 힘을 내보겠습니다"라는 다짐도 보내주셨다.

교회는 우는 곳이다. 마음껏 울고, 하나님 앞에서 솔직하게 마음을 터놓고 기도하는 곳이다. 우리가 아무리 센 척해도, 실상은 고아 같은 존재들이다. 연약한 존재들이다. 그래서 성령님의 도움이 전적으로 필요한 인생들이다.

언젠가 카페에서 우연히 영상 하나를 보게 되었는데, 그 영상을 보다가 그만 카페에서 울고 말았다. 너무 부끄러웠지만 감정이 주체가 안 될 정도였다.

유재석 씨가 진행하는 〈유 퀴즈 온 더 블럭〉이라는 프로그램인데, 그날은 배우 김영선 씨가 초대되었다. 김영선 씨는 감정 연기에 대가라고 불리는 분이다. 그래서 같이 연기하는 배우들이 감정 몰입이 되지 않을 때면 곁에서 도움을 많이 준다고 한다. 그 말을 들은 유재석 씨가 이 자리에서도 가능하냐고 물었고, 김영선 씨는 함께 진행하는 조세호 씨의 감정을 만져보겠다고 했다.

조세호 씨는 개그맨으로, 장난기가 많은 사람이다. 김영선 씨는 그런 조세호 씨를 보면서 진지하게 이렇게 부탁했다.

"지금 상황을 보지 마시고요, 눈치 보지 마시고요, 지금은 제 눈만 봐주세요. 그리고 저한테만 집중해주세요. 제가 뭐라고 하는지 제 눈을 보면서 마음을 읽어주세요."

그런 후에 눈을 보며 침묵하는 시간이 있었는데, 갑자기 조세호 씨가 눈물을 터뜨렸다. 자신도 왜 이렇게 눈물이 나는지 모르겠지만, 김영선 배우의 눈을 보면서 '잘하고 있어요!'라는 격려가 느껴졌다고 했다.

그 영상을 보며 "지금 상황을 보지 마시고요, 눈치 보지 마시고요, 지금은 제 눈만 봐주세요"라는 배우의 메시지가 성령님이 나에게 주시는 메시지 같았다.

'지금도 내가 너와 함께하고 있다. 나를 좀 바라봐라. 나에게 집중해봐. 너의 문제를 내려놓고 있는 모습 그대로 나한테 와도 된다.'

이런 성령님의 메시지가 들리는 것 같아서 그날 카페 구석에 앉아 얼마나 눈물을 흘렸는지 모른다.

진심으로 응원하는 사람의 눈빛을 바라보면서도 이러한 위로를 경험할 수 있다면, 하나님을 바라볼 때 위로하시는 성령님의 은혜를 경험할 수 있지 않겠는가?

'제가 너무 힘듭니다. 마음이 너무 무겁습니다.'

사람을 바라보는 것이 아니라 하나님을 바라보며 우리의 마음을 고백할 때 보혜사, 곧 우리의 마음을 일으켜 세우시는 성령님의 위로하시는 은혜가 우리 마음 가운데 부어질 줄 믿는다.

이와 같이 성령도 우리의 연약함을 도우시나니 우리는 마땅히 기도할 바를 알지 못하나 오직 성령이 말할 수 없는 탄식으로 우리를 위하여 친히 간구하시느니라 마음을 살피시는 이가 성령의 생각을 아시나니 이는 성령이 하나님의 뜻대로 성도를 위하여 간구하심이니라 우리가 알거니와 하나님을 사랑하는 자 곧 그의 뜻대로 부르심을 입은 자들에게는 모든 것이 합력하여 선을 이루느니라 롬 8:26-28

우리가 다 그 하나님의 도우심과 위로를 경험할 수 있기를, 그런 교회로 세워져 가기를 소망한다.

PART 3

그 길 위에
은혜가 있다

1 우리가 하나님과 함께 일하는 자로서 너희를 권하노니 하나님의 은혜를 헛되이 받지 말라 2 이르시되 내가 은혜 베풀 때에 너에게 듣고 구원의 날에 너를 도왔다 하셨으니 보라 지금은 은혜 받을 만한 때요 보라 지금은 구원의 날이로다 3 우리가 이 직분이 비방을 받지 않게 하려고 무엇에든지 아무에게도 거리끼지 않게 하고 4 오직 모든 일에 하나님의 일꾼으로 자천하여 많이 견디는 것과 환난과 궁핍과 고난과 5 매 맞음과 갇힘과 난동과 수고로움과 자지 못함과 먹지 못함 가운데서도 6 깨끗함과 지식과 오래 참음과 자비함과 성령의 감화와 거짓이 없는 사랑과 7 진리의 말씀과 하나님의 능력으로 의의 무기를 좌우에 가지고 8 영광과 욕됨으로 그러했으며 악한 이름과 아름다운 이름으로 그러했느니라 우리는 속이는 자 같으나 참되고 9 무명한 자 같으나 유명한 자요 죽은 자 같으나 보라 우리가 살아 있고 징계를 받는 자 같으나 죽임을 당하지 아니하고 10 근심하는 자 같으나 항상 기뻐하고 가난한 자 같으나 많은 사람을 부요하게 하고 아무것도 없는 자 같으나 모든 것을 가진 자로다

chapter 07

오늘의 은혜로 살아가라

동체시력(動體視力, Dynamic Visual Acuity)이란, 움직이는 물체를 정확하고 빠르게 인지하는 능력을 뜻한다. 야구 경기에서 홈런을 잘 치는 타자들은 여러 신체적인 조건이 좋기도 하지만, 무엇보다 동체시력, 즉 지금 나에게 날아오는 공의 움직임을 볼 수 있는 능력이 탁월하다는 공통점이 있다고 한다. 날아오는 공이 수박만 하게 보이더라는 이야기를 들어본 적이 있지 않은가?

내가 청년들과 함께 사역했던 시절에 이승엽 선수의 활약이 대단했었다. 이승엽 선수가 홈런을 잘 치는 비결에는 여러 가지 이유가 있었지만, 그중에서도 가장 중요한 요인이 동체시력이 좋다는 것이었다. 그는 좋은 동체시력을 유지하기 위해 휴대전화 화면이나 TV, 인터넷도 절제하면서 관리했다고 한다.

이 기사가 참 인상적이어서 당시 같이 신앙생활하던 청년들에게 "우리가 건강한 믿음을 갖는다는 것은 동체시력이 좋다는 것이다"라는 설교를 한 적도 있었다. 신앙생활을 한다는 것은 뜬구름을 잡는 것이 아니라 당면한 현실 속에서 눈앞에 오는 공을 정확하게 보고 그것을 정확히 쳐내는 것이다. 그러니 그렇게 신앙생활을 하자는 취지였다.

그리스도인의 삶도 그렇다. 뜬구름 잡는 신앙생활이 믿음생활이라고 오해하는 분들이 있는데, 성경은 그렇게 말하지 않는다. 오히려 우리가 살아가는 바로 지금 이 순간, 우리가 살아가는 바로 그 자리가 하나님의 은혜를 경험하는 자리고, 그곳에서 믿음은 실제라는 것을 가르쳐준다.

바울이 바로잡고자 한 것

사도 바울도 이것을 고린도교회에 가르친다.

이르시되 내가 은혜 베풀 때에 너에게 듣고 구원의 날에 너를 도왔다 하셨으니 보라 지금은 은혜 받을 만한 때요 보라 지금은 구원의 날이로다 고후 6:2

바울은 짧은 한 구절에서 '지금은'이라는 현재 시제를 두 차례나 사용한다. 왜 이렇게 '지금'을 강조했을까? 당시 고린도교회 성도들은 너무 뜬구름 잡는 신앙생활을 하고 있었다. 그러다 보니 신앙생활이 이 땅의 삶과 하늘의 삶으로 나뉘어 이원화되어 있었다. 이 부분을 바로잡기 위해 '지금'을 강조한 것이다.

고린도교회에 깊이 침투해 있던 여러 문제 중에서 가장 크게 자리하고 있던 두 가지는 팽배한 헬라 철학과 유대주의였다.

고린도에는 헬라 철학을 가르치는 유명한 철학 학교가 있었다. 이 철학 학교에서 유명한 헬라 철학 전문가들을 키워냈고, 그들은 고린도 지역 사람들에게 큰 영향을 미쳤다. 헬라 철학은 쉽게 말해 이원론이다. 그들은 모든 것을 둘로 구분하는 이원론에 근거해 가르쳤다. 이 세상도 영원히 변하지 않는 이데아의 세계와 일시적으로 항상 변화하는 현상의 세계로 구분했다. 그들은 우리가 사는 이 세상은 이상적인 세상의 그림자에 불과하다고 생각했고, 이 세상을 벗어나야 할 악한 것으로 간주했다.

당시 고린도교회도 이런 헬라 철학의 영향을 받다 보니 이 땅에서의 삶과 하늘의 삶이 따로 나뉘었다. 신앙이 너무나 이원화되어버린 것이다. 사도 바울은 이 문제를 바로잡고자 했다.

또한 헬라 철학에서는 웅변 잘하는 사람, 변증 잘하는 사람이 지도자가 되었다. 즉, 화려한 언변을 가진 사람이 좋은 스승으로 추앙받는 문화였던 것이다. 그러다 보니 교회 안에서도 화려한 웅변 같은 것이 깊게 자리잡았고, 잘못된 가르침으로 성도들을 혼란스럽게 만드는 거짓교사들도 침투해 있는 상황이었다. 사도 바울이 고린도후서를 쓴 목적도 이런 헬라 철학에 대응하기 위해서였다.

또 하나 고린도교회에 침투해 있던 잘못된 사상은 유대주의였다. 유대주의자들은 장차 오실 메시아를 기대하며 기다리는 삶을 살았다. 그러면서 은혜의 때가 지금이 아니라 먼 미래에 있다고 여겼다. 그렇기에 앞으로 장차 올 그 은혜를 당겨오기 위해서는 율법을 잘 지켜야 하고, 종교적인 예식을 강화해야 한다고 생각했다. 이런 율법주의가 고린도교회 안에 팽배했다.

사도 바울은 율법주의에 대항하기 위해 이사야서의 말씀을 인용한다.

여호와께서 이같이 이르시되 은혜의 때에 내가 네게 응답하였고 구원의 날에 내가 너를 도왔도다 사 49:8

구약을 붙잡았던 유대인들은 이 은혜의 때, 구원의 날이 먼 미래에 있다고 여기며 앞으로 올 그때를 기대하면서 살았다. 하지만 사도 바울은 구약의 이사야 선지자가 말한 '은혜의 때', 즉 이스라엘 백성이 오해했던 '그 때'를 인용하면서 이렇게 말한다.

이르시되 내가 은혜 베풀 때에 너에게 듣고 구원의 날에 너를 도왔다 하셨으니 보라 지금은 은혜 받을 만한 때요 보라 지금은 구원의 날이로다 고후 6:2

예수 그리스도께서 십자가를 통해 모든 율법을 이미 완성하셨기 때문에 은혜의 때는 먼 미래에 올 그 때가 아니라, 바로 지금이라는 것이다. 지금 우리가 이 은혜를 누리며 살아가야 한다. 사도 바울은 우리가 지금 이 은혜 안에 있는 것이라고 가르친 것이다.

현재의 은혜를 누려라

고린도교회 안에 침투했던 헬라 철학이나 유대주의 사상은 2천 년 전에만 있었던 것이 아니다. 21세기를 살아가는 오늘날의 교회에도 이런 영향들이 거세게 몰아치고 있다. 겉으로 보여지는 외적인 화려함을 추구하는 것, 이것도 헬라 철학의 영향과 같은 것이다. 은혜를 만들어 내려는 종교적인 모든 노력, 공로주의, 율법주의들이 오늘날의 교회 안에도 깊이 뿌리박혀 있다. 사도 바울은 교회의 이런 모습이 '현재의 은혜'를 누리지 못하기 때문

에 나타나는 현상이라고 지적한다. 그러면서 자신이 그리스도
인으로서 누리고 있는 현재의 은혜를 간증한다. 그의 간증을 통
해 우리의 믿음을 돌아보고자 한다.

하나님의 은혜를 삶으로 이어가라

현재의 은혜를 누리는 그리스도인들의 삶은 이원론이 아니다.
본문을 묵상하다 보니, 이찬수 목사님이 쓰신 《삶으로 증명하
라》라는 책이 생각났다. 책을 다시 꺼내 보니 표지에 이런 말이
적혀 있었다.

"지금 당신의 말과 행동은 주님을 온전히 나타내고 있는가?
성령의 열매가 삶으로 나타날 때 진짜 영향력이 회복된다.
삶으로 증명되는 것이 진짜다!"

여기서 '지금'이라는 말에 눈이 멈췄다. 삶 속에서, 가정에서,
일터에서, 어디서든지 '지금' 나의 말과 행동은 주님을 나타내
고 있는가? 우리는 예배를 마치고 나면 '하나님의 은혜를 깨달
았다, 하나님의 은혜가 임했다'라는 말을 많이 한다. 이 말이 진
짜가 되려면 그 은혜가 삶으로 이어지도록 노력해야 한다. 그런
고민과 노력이 있어야 한다. 그래야 진짜가 된다.

바울은 고린도교회에 만연해 있는 이원론적 사고방식을 경계하면서 자신의 노력을 이렇게 고백한다.

우리가 이 직분이 비방을 받지 않게 하려고 무엇에든지 아무에게도 거리끼지 않게 하고 고후 6:3

여기서 '거리끼지 않게 하고'는 헬라어로 '프로스코펜'인데 '실족할 계기, 범죄할 기회, 걸려 넘어질 기회'를 뜻한다. 자신이 이 직분을 받았다면서 이원론적인 삶을 살아간다면 누군가는 죄를 짓게 되거나, 실족하게 되거나, 걸려 넘어지게 된다는 것을 경계한다는 것이다. 그래서 그러지 않기 위해 그 은혜를 삶으로 이어 가려고 노력하는 삶을 살았다고 고백한다.

"우리 아빠는 담임목사님이에요!"

분립 개척 준비모임을 할 때부터 성도들이 우리 가족을 궁금해하며 아내와 아이들을 소개해달라는 요청이 있었다. 솔직한 마음으로는 가족을 소개하면서 유난 떠는 것보다 다른 성도들의 가정처럼 조용히 있고 싶었다. 그런데 이런 나의 바람과는 다르게, 우리 아이들이 지나가는 성도들을 붙잡고 이렇게 인사를 하고 다닌다는 이야기를 들었다.

"안녕하세요, 집사님! 우리 아빠가 누군지 아세요?"

아이들이 그러니 성도들은 또 친절하게 "누구신데?"라고 되묻는데, 그러면 아이들은 이렇게 대답한다고 했다.

"우리 아빠는 담임목사님이세요!"

너무 민망하고 부끄러웠다.

그래서 집에서 아이들과 함께 이 일에 대해 대화를 나누어 보았다. 아직 철없는 아이들이라 부끄러운 줄 모르고 그러는 줄 알았는데, 이야기를 나누다보니 아이들이 왜 그렇게 당당하게 말하고 다녔는지 이유를 알게 되었다.

우리 아이들은 태어나면서부터 분당우리교회에 다녔다. 그래서 아이들에게 '담임목사님'은 늘 이찬수 목사님이셨다. 아이들이 분당우리교회에 다닌다고 하면 사람들은 늘 좋은 교회에 다닌다고 말해주었고, 이찬수 목사님에 대해서도 '존경하는 분, 좋으신 목사님'이라는 이야기를 들었다. 그런 분위기에서 자란 아이들이기에, 아이들에게는 교회 다닌다는 것이 감출 이야기가 아니라 너무나 당당하고 자랑할 수 있는 이야기였다. 그리고 아빠가 담임목사님이 되는 게 너무 자랑스러웠던 것이다.

이유를 알고 나니 부담이 확 밀려왔다. 사도 바울의 고백이 남의 일이 아니었다. 태어나서 처음으로 교회를 옮기게 된 우리 아이들이, 비록 사람들이 잘 모르는 교회일지라도 "평촌드림교회 다녀요"라고 당당하게, 자랑스럽게 말할 수 있도록, '이 아이

들이 가지고 있는 긍지와 자부심을 끝까지 잘 지켜주어야겠다'
라는 다짐을 하게 되었다. 우리 아이들뿐 아니라 성도들의 자녀
들에게도 그런 목회자가 될 수 있도록 하나님의 은혜를 구하게
되었다.

그렇게 하기 위해서 어떻게 해야 할까? 강단에서 설교 잘하고
좋은 이야기만 말해서 되는 게 아니다. 말로만 은혜를 떠드는
것이 아니라 삶으로 증명하려는 노력이 있어야 한다. 내가 삶으
로 그것을 살아내려는 노력이 수반되어야 가능해진다. 삶 속에
서, 지금 순간순간 살아가는 그 자리에서 그리스도인답게 살아
내려는 노력이 있어야 가능해진다. 하나님 앞에서 아무에게도
거리끼지 않게 삶을 살아내는 것, 나는 이 사명을 부여받았다.

그런데 이 부르심은 나에게만 주어진 게 아니다. 우리 모두
에게 주어진 것이다. 교회에 와서 예배를 드리고 집에 가면 전혀
다른 모습으로 살아가는 이원론적인 신앙이 되어서는 안 된다.
누구에게든지, 무엇을 하든지 거리끼지 않게 하려는 노력이 수
반되는 삶을 결단하길 축복한다.

매일의 일상에서 드러나는 은혜

언젠가 뉴스를 보다가 너무 감동적인 사연을 접한 적이 있다.

어느 비 오는 날, 집에서 아버지와 함께 식사를 하려던 아들이 배달 음식을 주문했다. 그런데 한 시간이 지나도록 음식이 오지 않았다. 식당에 전화해보니 음식은 이미 출발했단다. 식당에 확인을 하고 나서도 삼십 분이 지난 후에야 초인종이 울렸는데, 문을 열어보니 배달 기사분이 말이 아닌 몰골로 서 있었다. 비를 홀딱 맞아서 다 젖었는데, 문이 열리자마자 대뜸 이렇게 말했다.

"죄송합니다. 오다가 빗길에 오토바이가 미끄러져 넘어지는 바람에 수습하고 오느라고 늦었습니다. 돈은 받지 않을게요."

오토바이가 넘어졌으니 음식인들 온전했겠는가. 그런데 갑자기 아버지가 현관으로 나오셨다.

"미안합니다. 이렇게 비가 많이 오는데 음식을 시킨 저희 탓입니다. 다치지는 않으셨습니까? 기사님의 책임감으로 오늘 우리 부자가 맛있는 음식을 먹을 수 있게 되었습니다."

그러면서 음식값과 함께 세탁비를 배달원에게 건네주셨다. 그걸 받은 배달원은 그 자리에서 펑펑 울었다고 한다.

정말 훈훈한 이야기 아닌가. 그 뉴스를 보면서 그 아버지 되시는 분이 그리스도인이길, 아니, 우리 그리스도인들이 그런 삶을 살아가기를, 일상에서 믿음이 증명되는 삶을 다 살아가게 되기를 간절히 구하게 되었다.

삶으로 이뤄지는 전도

내가 분당우리교회에서 사역할 때, 교회에 새로 등록하신 한 택시 기사분을 심방한 적이 있다. 그 분에게 어떻게 교회에 나오게 되었는지를 여쭈어보았다. 그러자 자신이 택시를 운행하면서 분당우리교회에 오는 성도들을 손님으로 태우는 일이 종종 있었다면서, 사실 자신은 평소 교회에 대해 부정적인 인식을 갖고 있었다고 한다. 그런데 교회에 간다더니 학교 앞에서 내리는 걸 보고 학교 안에 교회가 있다는 것도 처음 알게 되었고, 그렇게 손님으로 성도들을 만나면서 교회에 대한 인식이 좋은 방향으로 바뀌었다는 것이다.

일단은 대부분 내리면서 잔돈을 안 받으셨단다. 그리고 택시 기사인 자신에게 너무 친절하고 따뜻하게 인사하고 격려하면서 "오늘도 좋은 하루 되세요, 감사합니다"라며 내리더란다. 일상 속에서 그런 모습을 자꾸 보게 되니 '도대체 저기는 뭐하는 곳인가?' 싶은 마음에 교회에 등록하셨다고 했다.

또 언젠가 교회 건너편에 있는 카페에서 성도를 만난 적이 있었는데, 카페 사장님이 우리 교회 성도들은 카페에 오면 너무나 친절하게 직원들을 대하고 뒷정리까지 깔끔하게 하고 가신다면서, 그 모습을 보며 감동하셨다는 말씀을 해주셨다.

전도는 이렇게 하는 것이다. 아무에게도 거리낌 없이 살고자 하는 고뇌를 가지고 지금 있는 그 자리에서 하나님의 은혜를 이어가려는 노력, 이것이 우리의 삶이어야 한다. 이것이 성경이 우리에게 가르쳐주는 모습이다.

고린도교회가 회복해야 하는 모습이 이것이었다. 고린도교회는 너무나 이원론적인 사고에 갇혀 있었다. 고상한 신앙과 엉망인 현실 사이의 간격을 좁히고, 지금 있는 그 자리에서 은혜로 살아내야 한다는 것이 고린도교회를 향한 사도 바울의 도전이었다.

삶으로 이어지지 않는 고백은 믿음이 아니다

사복음서를 보다 보면 마가복음에 흥미로운 배치가 나온다. 마가복음에서 제일 먼저 예수 그리스도에 대한 신앙고백을 했던 자가 누구인지 아는가? 바로 귀신이었다.

나사렛 예수여 우리가 당신과 무슨 상관이 있나이까 우리를 멸하러 왔나이까 나는 당신이 누구인 줄 아노니 하나님의 거룩한 자니이다

막 1:24

분명히 신앙고백인데, 이게 귀신의 고백이다. 마가가 이것을 통해서 우리에게 강조하고 싶었던 것이 무엇일까? 입술로 좋은 신앙고백을 하는 게 믿음이 아니라는 것이다. 입술로 은혜 받았

다고 말하는 데서 그치는 것이 아니라 삶으로 이어지는 열매가 있어야 온전한 믿음이라는 것이다.

구약에 나오는 이방의 왕들도 '하나님이 천지의 주재이시고 왕 중의 왕'이시라고 고백했다. 그런데 그들에게 이런 고백은 있었지만 삶은 없었다.

신약의 거짓 선지자들도 예수의 이름으로 귀신을 내쫓았다. 그들에게는 화려한 말과 퍼포먼스가 있었지만, 소소한 일상 속에서의 삶이 없었다. 이것은 믿음이 아니다.

아는 것과 믿는 것이 하나가 되도록 늘 애쓰며, 그런 은혜를 구하며 살아가는 삶이 그리스도인의 삶이다. 믿음의 삶은 저 하늘에 있는 것을 기다리며 사는 삶이 아니다. 지금 이 시간 하나님의 은혜가 필요하고, 지금 이 시간 하나님의 은혜 안에 있다는 것을 확신하며, 은혜 받은 자로서의 합당한 삶을 살아가야 한다.

고난을 축복으로 해석하라

사도 바울은 복음을 위해 살아가면서 많은 어려움을 겪었다. 본문에 그가 겪었던 숱한 어려움들이 나열되어 있다. 그의 고백을 보면 하나님의 은혜를 경험한 사람은 인생의 어려움을 세상의 관점과 다르게 해석한다는 것을 알 수 있다.

무명한 자 같으나 유명한 자요 죽은 자 같으나 보라 우리가 살아 있고
징계를 받는 자 같으나 죽임을 당하지 아니하고 근심하는 자 같으나
항상 기뻐하고 가난한 자 같으나 많은 사람을 부요하게 하고 아무것
도 없는 자 같으나 모든 것을 가진 자로다 고후 6:9-10

바울의 이 고백을 보면서 참 많은 도전을 받았다. 바울처럼
억울한 일을 많이 당한 사람이 어디 있나? 너무나 많은 고난과
어려움으로, 상처로 가득한 삶을 사는 것처럼 보였으나, 자신의
삶을 돌아보던 바울의 결론은 기쁨과 감사의 고백이었다.

'믿음은 해석'이라는 말이 있다. 바울은 자신의 삶을 믿음으
로 해석한다. 그는 그리스도인의 삶이 어떠하다고 고백하는가?
세상의 관점에서 보면 무명한 자 같지만, 하나님의 은혜가 역사
하자 유명한 자라고 대비해서 말한다. 또한 죽은 자 같은 현실
이지만, 은혜가 역사하자 살아 있다는 것을 선언한다. 징계를
받는 모습인데, 은혜 받은 사람의 고백은 죽임을 당하지 않는다
는 것이다. 근심하는 것 같지만, 항상 기쁘다고 말한다. 가난한
사람 같지만, 많은 사람을 부요하게 하는 사람이라고 고백한
다. 아무것도 없는 것 같지만, 그렇지 않고 모든 것을 가졌다며
대비된 선언을 하고 있다.

즉, 절망적인 현실에 하나님의 은혜라는 믿음을 더하니 결론
이 바뀐 인생이 되었다는 것을 선포하고 있는 것이다. 보이지 않

지만, 하나님의 은혜가 역사하고 있다! 이것이 사도 바울이 우리에게 가르치고 있는 것이다. 우리에게 이 은혜가 필요하다.

거듭 강조하지만 믿음엔 현실을 다르게 해석할 수 있는 능력이 있다. 사도 바울은 하나님이 어떠한 분이신지를 알고, 그 은혜의 안경을 쓰고 현실을 바라보았다.

여호와의 말씀이니라 너희를 향한 나의 생각을 내가 아나니 평안이요 재앙이 아니니라 너희에게 미래와 희망을 주는 것이니라 렘 29:11

'하나님이 어떤 분이신가?'라는 안경을 쓰고 현실을 해석하자, 하나님의 은혜로 현실을 선포할 수 있는 고백을 사도 바울에게 주셨다. 이 은혜의 안경으로 현실을 바라볼 수 있어야 하고, 이 은혜의 능력으로 하루하루를 살아가야 한다.

정말 안타까운 한국교회의 현실 앞에서 우리가 한 걸음 한 걸음 믿음으로 나아갈 때, 그 현실을 바라보면서도 이 은혜의 안경을 쓰고 믿음으로 선포할 수 있는 역사가 우리에게 필요하다. 이 은혜를 하나님 앞에 구해야 한다.

믿음의 복어요리

분당우리교회 부교역자 시절에 훈련받으며 귀에 못이 박히도록 들었던 가르침이 있다. 목회자는 복어요리를 잘해야 한다는 것이었다. 음식점에 가서 복어요리 기술을 연마하라는 것이 아니다. 삶을 믿음으로 해석하는 훈련을 말하는 것이다.

인생을 하나님의 관점으로 해석하다 보면, 즉 독을 걷어내다 보면 우리에게 주어지는 교훈이 있는데, 이것을 훈련해가는 것이 목회라는 말씀이었다.

상처가 가득하고, 고난이 가득하다 할지라도 독이 될 수 있는 요소들을 믿음으로 제거하다 보면 자신에게 유익한 것이 있다는 것을 발견하게 된다는 것이다.

이런 측면에서 내 삶에서도 믿음으로 복어요리를 해야 할 때가 많았다. 많은 성도들이 나에게 상처가 보이지 않는다는 말씀을 하신다. 좋은 교회만 거쳤고, 좋은 사람들만 만난 것 같다는 덕담을 해주실 때가 많다. 하지만 똑같은 인생을 살면서 어떻게 동화 속 이야기 같은 현실만을 살았겠는가? 나에게 상처가 보이지 않는 것은 믿음의 복어요리를 끊임없이 해왔기 때문이다.

한번은 사역하던 교회에서 쫓겨난 적이 있다. 그 교회에서 청소년 사역을 했었는데, 하나님의 은혜로 짧은 시간에 청소년부가 크게 부흥했었다. 아이들의 수가 많아지니 교사들의 수도 늘어나게 되면서 대예배를 드려야 하는 분들이 청소년부에서 예배를 드리게 되는 일이 많아졌다. 게다가 학부모들도 청소년부 예배를 드리자 문제가 되기 시작했다.

그러다 어느 주일 설교 시간에 많은 성도들이 함께 있는 자리에서 교회를 사임하라는 이야기를 40분 내내 듣는 일이 일어났다. 이유는 토요일에 중고등부 교사들을 위로하기 위해 야유회를 다녀왔기 때문이었다. 거룩한 주일을 앞두고 토요일에는 주일 사역을 준비해야 하는데, 야유회를 다녀온 것이 화근이 되었다.

그런 이야기들을 들으면서 많은 분들이 상처를 받고 그 교회를 떠났다. 시험에 들기도 했다. 가끔씩 그 자리에 계셨던 분들을 만나면 정작 내가 그 일로 상처 받지 않고 여전히 목회자로 교회를 섬기고 있다는 것에 놀라신다.

그때를 생각하면 어렵고 힘들고 억울할 수도 있지만, 그렇지 않다. 복어요리를 배웠기 때문이다. 내가 겪었던 아픔과 상처, 억울함에 집중하지 않고 믿음으로 그런 것들을 걷어내고 나니 그 교회에서도 배웠던 게 있었다. 그 목사님이 주신 선물이 있었다는 걸 깨달았다. 바로 기도였다.

대인관계에서도 마찬가지다. 교회 안에서도 불필요한 오해가 생기고 의도하지 않았던 상처가 발생한다. 그때 우리에게 필요한 것이 복어요리다. 독을 걷어내고 살점만 발라내서 취하는 것이다.

나는 우리 교회가 복어요리하는 성도들이 모인 교회가 되었으면 좋겠다. 특히 우리 교회에는 가나안 성도들이 많다. 그들이 이전 교회에서의 아픔과 실망, 계속 품어왔던 독을 발라내며 하나님이 주시는 은혜를 경험하길 바란다. 분명 독인 줄 알았는데, 내게 정말 유익했던 은혜와 교훈이 있었다는 걸 발견하게 되길 바란다. 그렇게 교회 안에서 상처가 치유되고, 교회에 대한 새로운 안경을 쓰고 하나님을 더 사랑할 수 있게 되기를 간절히 기도한다.

사도 바울은 감옥에 갇혔을 때 이런 고백을 했다.

형제들아 내가 당한 일이 도리어 복음 전파에 진전이 된 줄을 너희가 알기를 원하노라 빌 1:12

이게 바울의 복어요리다. 신앙생활은 뜬구름 잡는 것이 아니다. 현재성을 갖는 것이 신앙생활이다. 사도 바울의 고백을 보면서 그 안에 역사하고 있는 하나님의 은혜를 너무나 사모하게 되었다. 은혜가 있어야 복어요리를 할 수 있기 때문이다.

'하나님, 복어요리를 할 수 있는, 아픔보다 더 큰 은혜를 주십시오. 상처보다 더 큰 사랑을 경험하게 해주십시오.'

이 은혜를 사모하며 기도하게 된다.

고난의 때에도 감사를 고백하는 은혜

나는 신앙생활하면서 자신의 어려운 현실을 믿음으로 해석하는 분들을 참 많이 만났다. 이것이 목회자로 살면서 하나님께 받은 큰 복 중에 하나다. 그중 기억에 남은 한 성도와의 만남은 오랜 시간이 흘렀지만 생각할 때마다 가슴이 뭉클해지곤 한다.

그 집사님은 루게릭병으로 전신이 마비되어 눈동자만 움직일 수 있는 상황이었는데, 딸이 곧 결혼을 앞두고 있었다. 자녀의 결혼을 축하하고, 격려도 해드리기 위해 심방을 갔다. 가보니 집사님 부부는 기도제목도 미리 적어두시고, 함께 부르기 원하는 찬양도 미리 정해두셨다. 그중 한 곡이 〈내 영혼이 은총 입어〉였다.

"내 영혼이 은총 입어 중한 죄짐 벗고 보니 슬픔 많은 이 세상도 천국으로 화하도다. 높은 산이 거친 들이 초막이나 궁궐이나 내 주 예수 모신 곳이 그 어디나 하늘나라"라는 가사의 찬양을 함께 부르는데, 전신을 꼼짝 못 하시는 집사님의 눈에서 하염없이 눈물이 흘러내렸다. 아내 집사님이 남편 집사님의 눈물을 계속 닦아주셨다. 그러면서 딸의 손을 잡고 신부 입장을 하지 못하는 상황 때문에 딸아이가 마음이 아프지 않기를 기도 부탁하셨다. 그 기도제목을 붙들고 함께 간절히 기도하고 말씀을 나누고는 심방을 마쳤다.

그렇게 그 집을 나서려는데, 갑자기 아내 집사님이 부르시더니 남편 집사님이 나에게 할 말이 있는 것 같다고 하셨다. 다시 들어갔더니, 남편 집사님이 자음과 모음이 적힌 칠판 같은 것을 보면서 볼펜으로 하나씩 짚을 때마다 눈동자로 반응하며 간신히 한 단어, 한 단어를 완성해 나에게 보여주셨다.

그 분이 완성한 짧은 문장에 내 마음이 무너졌다.

"주님, 감사합니다."

눈동자만 겨우 움직일 수 있는 현실이지만, 믿음으로 현실을 해석하니 '주님 감사합니다'라는 고백을 하게 된 것이다.

나는 다시 그 분 옆에 앉았다. 그리고 집사님 안에서 지금 역사하고 있는 하나님의 놀라운 은혜의 능력을 보게 되었다고 말씀드렸다. 집사님 앞에서 목회자로서 너무 부끄럽다고 고백했다. 그 집사님을 아무것도 없고, 아무것도 못 하는 분인 것처럼 생각하며 긍휼히 여기는 마음만으로 심방을 왔는데, 집사님은 나에게 없는 것을 가지셨다고, 나는 지금 집사님에게 있는 그 은혜를 정말 사모한다고, 그 은혜의 능력으로 다시 집사님을 바라보니 집사님은 다 가지신 분이라고 고백하며 은혜를 나누었다.

행복하고 안락함을 누리는 때도 은혜의 때가 맞다. 하지만 그러한 것으로만 은혜의 때를 제한하지 말자. 고난의 때는 징계의 때가 아니다. 고난의 때도 은혜의 때임을 기억하자. 믿음으로 살아보려고 힘겨운 씨름을 하면서 살아가지만, 손해도 보고 억울하기도 한 것이 우리의 현실이다. 그런 우리에게 필요한 것이 이 은혜다. 현실적으로 보면 정말 막막한 상황이었지만, 감사를 고백할 수 있는 은혜의 능력, 이 은혜가 우리에게도 필요하다.

관계의 어려움, 질병의 고통으로 인한 힘겨움, 문제의 아픔이 있을 지라도, 바로 지금이 은혜의 때라는 것을 깨닫게 하시고 위로해주시는 은혜가 부어질 수 있기를 기도한다. 고난과 아픔과 고통이 있음에도 감사를 고백할 수 있는, 고통보다 더 큰 은혜로 채워지기를 간절히 구한다. 매일의 삶에서 이 은혜를 채움받고, 이 은혜를 누리며, 이 은혜 안에서 믿음으로 승리하는 삶을 살아가는 우리가 되기를 주님의 이름으로 축복한다.

37 명절 끝날 곧 큰 날에 예수께서 서서 외쳐 이르시되 누구든지 목마르거든 내게로 와서 마시라 38 나를 믿는 자는 성경에 이름과 같이 그 배에서 생수의 강이 흘러나오리라 하시니 39 이는 그를 믿는 자들이 받을 성령을 가리켜 말씀하신 것이라 (예수께서 아직 영광을 받지 않으셨으므로 성령이 아직 그들에게 계시지 아니하시더라)

chapter 08

주님을 갈망합니다

오래전에 한 기업에서 한국인 20대에서 50대 연령의 남녀 500명을 대상으로 웃음과 관련된 라이프 스타일을 주제로 조사한 내용을 본 적이 있다. 각 연령대별로 하루 평균 10번 정도 웃는다고 하는데, 한 번 웃을 때 평균 8.6초 웃는다고 했다. 환산해 보면 하루에 약 1분 30초 정도 웃는다는 말이 된다.

반대로 하루에 근심하고 걱정하는 시간은 어느 정도인지 조사했더니, 하루 평균 3시간 6분이나 된다고 했다. 이 데이터를 남녀로 분류해서 보니까 여성은 3시간 30분, 남성은 2시간 39분으로 여성이 근심하는 시간이 월등히 높게 나왔다. 왜 그런가 봤더니 아이들 양육과 진로의 문제 등으로 더 고민하게 되는 것 같았다.

연령별로는 20대 청년들이 3시간 15분, 30대가 3시간 7분, 40대가 2시간 50분으로, 연령이 높아질수록 근심하는 시간이 점점 줄어들었다. 아마도 20대 청년들에게는 진로의 문제, 취업,

결혼, 장래의 문제 등 결정되지 않은 사항들이 많기 때문인 것 같다. 청년들에게 많은 격려와 위로가 필요하다는 생각을 하게 되었다.

다양한 내용들이 있었지만 이 조사의 결과를 요약해 보면, 보통 한 사람이 하루에 웃는 시간은 90초 정도인데 반해 3시간 이상을 근심이나 두려움에 찌들어 살아가고 있다는 내용이었다.

이 데이터를 보면서 '일만성도 파송운동'을 하면서 이찬수 목사님이 주셨던 숙제가 생각났다.

"주 안에서 행복한 신앙생활을 하셔야 합니다. 무슨 일이 있어도 주 안에서의 행복을 빼앗겨서는 안 됩니다! 29명의 파송받는 목사님들께 간절히 부탁드립니다. 우리 성도들이 주님 안에서 행복하게 신앙생활할 수 있도록 노력해주세요."

그러면서 분립을 준비하는 과정 내내 이 부분에 대한 우리의 잘못된 습관이나 생각의 결에 대해 교정하는 시간을 가졌는데, 정말 만만치 않은 시간이었다.

이 데이터를 보니 그때 목사님이 왜 그렇게 "성도들이 주 안에서 행복해야 합니다"라고 말씀하셨는지, 크게 와 닿았다. 세상을 살아가면서 하루에 90초 웃고, 3시간을 근심하고 두려움 가운데 살아가는 것이 이 땅을 살아가는 사람들의 라이프 스타일이라면, 주님을 믿고 신앙생활하는 성도들은 이러한 통계를 거스를 수 있는 은혜를 누리고 있는가? 삶의 변화가 나타나고 있는가? 떨리는 마음으로 현실을 돌아보지 않을 수 없었다.

목마른 자들을 향한 예수님의 초대

예수님도 동일한 마음으로 이스라엘 백성을 초청하고 계신다. 예수님은 너무나 많은 어려움 속에서 살아가는 이스라엘 백성, 곧 신앙생활은 하고 있지만 여전히 목마름 가운데 있는 그들을 간절히 부르시며 그들의 목마름을 해결하겠다 말씀하신다.

> 명절 끝날 곧 큰 날에 예수께서 서서 외쳐 이르시되… 요 7:37

본문에서 말하는 '명절'은 초막절을 말한다. 초막절이 되면 사람들은 성전 문에 물을 붓는 의식을 행했다. 그것은 이스라엘 백성이 광야 생활을 할 때 반석에서 물이 솟아났던 것을 기념하는 의식이었다.

> 내가 호렙 산에 있는 그 반석 위 거기서 네 앞에 서리니 너는 그 반석을 치라 그것에서 물이 나오리니 백성이 마시리라 모세가 이스라엘 장로들의 목전에서 그대로 행하니라 출 17:6

사막을 걸어가고 있던 이스라엘 백성이 목말라 죽어가며 힘들어하고 고통하던 순간에, 물이 날 수 없는 사막의 한 반석에서 물이 솟아났다. 그때 그 물을 마셨던 기쁨과 감격을 우리만 누릴 것이 아니라, 이것을 율법으로 만들어서 대대로 기념하게 하고자 한 것이 명절이 되었다. 그리고 이것을 기념하기 위해 초막절 마지막 날에 실로암 못에서 물을 떠다가 성전에 붓는 예식을 행한 것이다. 그런데 이렇게 은혜롭고 감격스러운 초막절의 의미가 퇴색하면서 점점 변질되기 시작했다.

서울신학대학교 구약학 권혁승 교수는 한 칼럼에서 이 본문을 다루며 이렇게 말했다.

"초막절과 같은 큰 명절의 첫날과 마지막 날은 안식일처럼 모든 일을 중단하고 오로지 성전에 모여 예배를 드리는 날이다. 그래서 '큰 날'이라고 불렀다. 초막절 마지막 날에는 성전 제단에 물을 붓는 행사가 있었다. 이 행사는 일종의 기우제였는데, 제사장들이 실로암 못에서 물을 가져와 제단에 붓는 것으로 진행되었다. 그때에 절기를 지키기 위하여 예루살렘에 모여 있던 유대인들은 '우리를 구원하소서'라는 의미의 '호산나'를 외치면서 물 붓기 행사에 참여하였다."

반석에서 물이 나온 것을 기념하고자 했던 행사가 일종의 기우제로 변질되었다는 내용을 보면서 씁쓸한 기분이 들었다. 농사의 풍작을 기대하는 기우제로 초막절을 지키면서도 이 의식에 참여하는 자들은 "호산나, 주여, 우리를 구원하소서"라고 외쳤다. 그러니 이런 외침은 그저 울리는 꽹과리 소리가 되어 버렸고, 그 중심에는 '잘 먹고 잘 살게 해주세요'라는 마음이 있을 뿐이었다. 이처럼 의미가 변질된 명절 예식의 클라이맥스에서 예수님은 이렇게 외치셨다.

> 명절의 가장 중요한 날인 마지막 날에, 예수께서 일어서서, 큰 소리로 말씀하셨다. "목마른 사람은 다 나에게로 와서 마셔라." 요 7:37, 새번역

예수님은 왜 목마른 자들을 향해 "나에게로 와서 마셔라"라고 하셨을까? 예수님은 변질된 초막절을 지키던 자들에게 무엇을 원하셨던 것일까? 이 초청에 담긴 메시지와 의미를 함께 살펴보고자 한다.

목마름의 문제를 예수님께로 가져가라

> 명절 끝날 곧 큰 날에 예수께서 서서 외쳐 이르시되 누구든지 목마르거든 내게로 와서 마시라 요 7:37

목마름의 문제를 누구에게 가져가야 하는가? 예수님에게 가

야 한다는 것이다. 예수님은 영적인 목마름뿐 아니라 육체적인 목마름도 하나로 보고 말씀하신다. 영적인 결핍이든, 육체적인 결핍이든, 우리가 이 땅에서 살아가면서 겪는 모든 결핍의 문제는 예수님과 관계 회복의 문제에서부터 시작된다는 것이다.

그런데 이 구절에는 독특한 특징이 있다. 사도 요한은 이 말씀을 기록하면서 큰소리로 외치는 예수님의 모습을 아주 자세하게 기록했다는 점이다. 즉, 예수님의 마음을 드러내기 위해 두 가지 동사를 연이어서 사용한다.

'서서'와 '외쳐'이다.

"예수께서 서서 외쳐 이르시되…."

'서서 이르시되'라고만 해도 되고, '외쳐 이르시되'라고만 해도 의미가 통할 텐데, 이 두 가지 동사를 이어서 사용한 것이다.

여기서 '서서'는 당시 종교 지도자들의 모습과 예수님의 모습을 대비해서 강조하기 위함이다. 당시 종교 지도자들은 상석에 '앉아서' 가르쳤다. 그런데 예수님은 '서서' 가르치셨다. 이는 상황이 다급함을 말한다.

이어지는 '외쳐'에 사용된 헬라어 동사 '에크락센'은 본문을 포함해 복음서에서는 딱 네 번 사용되었다. 성경 기자는 아주 중요한 메시지가 있을 때 강조하기 위해 이 동사를 사용했다. 복음서에 이 동사가 사용된 구절을 보면 예수님의 심정을 짐작해볼 수 있다.

> 나사렛 예수시란 말을 듣고 소리 질러 이르되 다윗의 자손 예수여 나를 불쌍히 여기소서 하거늘 막 10:47

한 맹인이 예수님이 지나간다는 소리를 듣자 나지막하게 예수님을 부른 것이 아니라 '소리 질러' 예수님께 외쳤다.

그리고 물에 빠져 가던 베드로도 소리 질러 이렇게 고백했다.

> 바람을 보고 무서워 빠져 가는지라 소리 질러 이르되 주여 나를 구원하소서 하니 마 14:30

'에크락센'은 '목이 쉬도록 다급하게 외치다, 소리를 지르다, 비명을 지르다'라는 의미를 가지고 있다. 그만큼 매우 긴박하고 절박한 상황에 사용된 것이다. 즉, 예수님은 목마름과 결핍 속에서 살아가는 군중들을 향해 안타까운 마음으로 목이 쉬도록 다급하게, 비명을 지르듯이 외치신 것이다.

"나에게 와라! 나에게 와라!"

사도 요한은 예수님의 이런 마음을 우리에게 가르쳐주고 싶었다.

'배가 고플 때는 잠깐 배불렀다가 다시 배고프게 될 떡을 구하는 것이 아니라, 내게로 와라! 내가 생명의 떡이다! 목이 마를 때는 마셨다가 다시 목이 마르게 될 물을 구하는 것이 아니라, 내게 와라! 내가 영원히 목마르지 아니할 생수다!'

예수님은 소리를 지르며 우리에게 이렇게 외치고 계신다. 우리와 이 관계 안에 있기를 간절히 바라신다. 광야에서 갈증으로 고통당하던 이스라엘 백성을 위해서 생수를 내신 분은 누구신가? 그들을 만나와 메추라기로 먹이신 분은 누구신가? 바로 예수님이시다. 그러므로 물을 목표 삼는 것이 아니라, 만나와 메추라기를 목표 삼는 것이 아니라, 예수님이 신앙생활의 유일한 목표가 되어야 한다.

예수님은 이런 목마름을 가지고 우리를 초청하시는데, 우리에게는 예수님을 향한 목마름이 있는가? 예수님 한 분만으로 만족한다고 할 수 있는가? 예수님 한 분만으로 충분하다 할 수 있는가? 진지하게 자신을 돌아봐야 한다.

신앙의 이유

말씀을 준비하면서 오래전에 뉴스에 보도되었던 초등학교 2학년 학생의 시가 생각났다. 〈아빠는 왜?〉라는 시였다.

"엄마가 있어 좋다. 나를 예뻐해 주니까. / 냉장고가 있어 좋다. 나에게 먹을 것을 주니까. / 강아지가 있어 좋다. 나랑 놀아

주니까. / 아빠는 왜 있는지 모르겠다.”

이 시에 많은 사람들이 공감한 이유는 각자 가정에서 겪는 이야기이기 때문일 것이다. 하지만 한편으로는 이 시를 보면서 우리 아이들 생각도 나서 얼마나 마음이 씁쓸했는지 모른다. 퇴근하고 들어가는 아빠의 손에 아이스크림이라도 들려 있으면 반가워하지만, 아이스크림을 받아들고 나면 그만이다.

그런데 이 시를 가지고 교회를 패러디한 시가 떠도는 걸 보았다. 제목은 〈예수님은 왜?〉였다.

목사님이 있어서 좋다. 나를 예뻐해 주니까.
교회가 있어 좋다. 나에게 먹을 것을 주니까.
교회 선생님이 있어 좋다. 나랑 놀아주니까.
예수님은 왜 있는지 모르겠다.

신앙생활 가운데 영적인 유아기를 지나는 사람들도 있다. 그 시기에는 교회에 놀러 가기도 하고, 간식 먹는 재미로 교회에 가기도 한다. 나에게도 그런 시기가 있었다. 하지만 이것이 신앙생활의 전부라고 생각하면 오해다.

만일, 신앙의 목적이 나를 예뻐해주는 것, 나에게 먹을 것을 주는 것, 나와 놀아주는 것에 포커스를 둔다면 우리도 ‘예수님은 왜 있는지 모르겠다’라는 고백을 할 수 있다는 것을 자각해야 한다.

　예수님 당시 이스라엘 백성의 상태는 이런 초등학교 2학년 수준과 같았다. 오병이어의 기적을 일으키신 분이 "내가 떡이다"라고 하시자, 그렇게 율법을 지켰던 이스라엘 백성은 '예수님이 왜 있는지 모르겠다. 그냥 떡이나 주시지'라고 생각한 것이다. "내가 생수의 근원이다"라고 절박하게 서서 외치시는데, '예수님은 왜 있는지 모르겠다. 그냥 물이나 주시지'라는 것이 그들의 모습이었다.

　이는 신약 시대의 문제만이 아니라, 더 오래전인 구약 시대 때부터 있어온 뿌리 깊은 이스라엘 백성의 문제였다. 예레미야도 이 문제를 이야기했다.

> 내 백성이 두 가지 악을 행하였나니 곧 그들이 생수의 근원되는 나를 버린 것과 스스로 웅덩이를 판 것인데 그것은 그 물을 가두지 못할 터진 웅덩이들이니라 렘 2:13

　그들은 두 가지 악을 행했다. 하나는 생수의 근원이신 예수님을 버린 것이다. '예수님은 왜 있는지 모르겠다'라고 여긴 것이다. 또 하나는 스스로 웅덩이를 판 것이라고 했다. '물이나 주시지'라며 물을 가둬두려고만 노력하는 모습이었다.

그렇다면 나에게 있어서 예수님은 어떤 존재이신가? 예수님은 우리와 깊은 관계에 있기를 간절히 원하신다.

'너희가 나를 구했으면 좋겠다. 내게로 와서 마셔라.'

우리는 기도 가운데 떡도 구하고, 물도 구한다. 그렇게 모든 것을 구하면서도 예수님은 구하지 않은 것은 아닌가?

"예수님을 원합니다. 예수님을 원합니다!"

이렇게 예수님과의 관계 회복을 위해 목마름을 가지고 주님께로 나아가는 우리가 되길 소망한다.

목적지도, 운전대도 모두 예수님께 맡겨라

얼마 전에 인스타그램에서 우연히 한 글을 보았는데, 〈하나님은 내비게이션이 아니다〉라는 제목이었다. 나는 예전에 '하나님은 내비게이션이다'라는 내용으로 설교한 적이 있다. 그때의 취지는 우리가 잘못된 길을 갈 때에도 하나님은 우리를 바르게 인도하시며, 우리가 잘못된 선택을 할 때에도 다시 바른 길로 이끌어주신다는 것을 전하기 위함이었다. 그렇기에 하나님이 우리 인생의 내비게이션이 되신다는 의미였다. 그런데 정반대의 제목의 글이었기에 궁금했다.

그 글의 취지는, 하나님은 우리가 어디로 가야 할지 정확한 길을 알고 계시는 분이지만, 우리가 가고자 하는 목적지만 누르

면 내 요구에 따라 가장 편하고 빠른 길로 안내하는 내비게이
션이 아니라는 것이다. 오히려 광야에서 길을 만드시는 개척자,
가장 맞는 길로 안내하시는 인도자, 함께 길을 가주시는 동행
자시란 것이다. 그러니 목적지도, 운전대도 하나님께 맡기는 것
이 믿음이라는 것이다. 다행히 이 글의 취지도 내가 설교했던 바
와 같았다.

'하나님, 저는 여기 가고 싶으니까 그냥 안내만 해주시면 됩니
다. 그렇지 않으면 저는 예수님이 왜 있는지 모르겠습니다.'

이 글을 쓴 분은 우리가 이런 신앙생활을 하게 될까 우려하면
서 "하나님은 내비게이션이 아니다"라고 말하고 있었다.

이스라엘의 신앙 상태가 그랬다. 그들은 생수의 근원 되시는
예수님은 버리고, 스스로 운전대를 잡았다. 그리고 목적지를 찍
고 안내만 해달라고 했다.

"푸른 초장까지만, 쉴만한 물가까지만 갈 겁니다. 저는 거기
서 멈춥니다. 사망의 음침한 골짜기는 안 돼요. 예수님, 아시
죠? 거기는 혼자 가세요."

우리 중에도 "여기까지만요!"라고 기도하고, 하나님의 인도
하심에 대해서는 신뢰하지 못하며 깊은 관계로 나아가지 못하
는 신앙생활을 하는 이들이 있지 않은가? 그런 분들에게 도전
하고 싶다. 사망의 음침한 골짜기까지도 따라갈 수 있을 만한,
하나님과 그런 깊은 신뢰까지도 나아갈 수 있는 은혜가 그 마

음 가운데 부어지길 바란다. 그런 하나님을 따라가기를 결단하는 우리 모두가 되기를 소망한다. 이러한 태도의 변화가 없다면 물을 가두지 못할 웅덩이를 계속 파는 수고로 지치는 삶이 될 것이다.

예수님은 명절 끝날, 가장 클라이맥스 상황에서 간절히 외치셨다.

'내게로 오라! 그 목마름을 가지고 내게로 와라!'

환경의 어려움보다 은혜가 더 크다

나는 이십 대 때 인도 선교사가 되고 싶었다. 그래서 인도에 수개월 단기선교를 다녀온 적이 있었다. 그때 단기선교를 마치고 오랜만에 집에 들어서는 나를 보고 어머니는 웬 노숙자 한 명이 들어오는 줄 알았다고 말씀하셨다. 인도 특유의 향신료 냄새가 빠지는 데만 몇 개월이 걸린 것 같다.

그런데 얼마 전에 아내가 한 여행 유튜버의 영상을 보다가, "인도는 살 곳이 못 된다"라고 말하는 걸 봤다고 한다. 그러면서 나에게 "어떻게 그런 곳에서 몇 개월을 지냈느냐"며 놀라워했다.

아내의 말을 듣고 생각해보니, 그때는 인도에서 사는 것이 별로 어렵지 않았다. 한국으로 돌아온 후에도 한동안은 다시 인도에 가고 싶다고 생각했었다. 그곳에서 경험한 예수님의 은혜가 너무 컸기 때문이다.

받은 은혜를 나누는 기쁨이 환경의 열악함과 비교할 수 없을 정도로 컸었다. 아침에 일어나면 하나님이 나와 함께하신다는 게 너무나 감격스러웠다. 예배드리는 것이 너무나 좋았다. 예수님이 사랑하시는 그들, 복음을 듣지 못한 그들에게 복음을 전하는 것이 너무 좋았다. 그곳에서 지내는 하루하루가 너무나 행복했었다.

내가 인도에서 지내는 것이 그리 힘들지 않았던 것은, 예수님과 깊은 관계 안에 있었기 때문일 것이다. 그 시절, 힘들 때마다 자주 부르며 하나님께 고백하던 찬양이 있다.

"예수 나를 오라 하네 예수 나를 오라 하네 어디든지 주를 따라 주와 같이 같이 가려네"라는 가사의 찬양이었다. 2절의 가사는 더 비장하다. "겟세마네 동산까지 주와 함께 가려 하네 피땀 흘린 동산까지 주와 함께 함께 가려네"였다. 이 찬양을 고백하면서 하나님 앞에 순수함을 잃어가는 내 모습을 돌아보며 눈물로 회개하는 시간을 보냈다.

그때는 예수님이 오라는 곳이면, 부르시는 곳이면 어디든지 가겠다고, 예수님이 함께 가시기에 겟세마네 동산까지, 피땀 흘리신 동산까지도 따라가겠다며 주저 없이 고백했었다. 그때는 예수님을 떠났던 베드로와 제자들이 잘 이해가 안 되었다.

'조금이라도 예수님 곁에 있을 수 있다면 얼마나 좋을까? 타임머신이 있다면 타고 그때로 가고 싶다.'

그저 주님과 함께라면 어디든 갈 수 있다고 고백했다. 지금은 그 시절보다 훨씬 안정되었지만, 당시 순수하게 예수님과 함께라면 어디든 가겠다는 담대함은 잃어가고 있는 것 같다.

다행히 하나님께서 그냥 내버려두지 않으시고, 한 교회의 담임목사로 세워주시며 이십 대 시절의 순수했던 마음을 돌아보게 하시니 얼마나 감사한지 모른다. 이 은혜를 누리는 자리에 모두를 초청하고 싶다.

나를 사랑하는 자들이 나의 사랑을 입으며 나를 간절히 찾는 자가 나를 만날 것이니라 잠 8:17

하나님을 사랑하는 자가 하나님의 사랑을 입고, 하나님을 찾는 자는 하나님을 만나게 될 것이다. 이제 우리의 기도제목이 변화되기를 바란다.

"예수님을 원합니다. 예수님을 갈망합니다. 그동안은 물도 구했고, 떡도 구했습니다. 이제는 예수님을 제게 허락해주십시오. 예수님만으로 만족합니다."

이 고백을 할 수 있기를 바란다. 이 놀라운 은혜를 하나님 앞에 구하고, 그 만족함이 무엇인지 경험하는 우리 모두가 되기를

소망한다. 예수님과의 관계 회복의 목마름이 회복되기를 소망
한다.

성령 충만에 대한 목마름을 회복하라

나를 믿는 자는 성경에 이름과 같이 그 배에서 생수의 강이 흘러나오
리라 하시니 이는 그를 믿는 자들이 받을 성령을 가리켜 말씀하신 것
이라 (예수께서 아직 영광을 받지 않으셨으므로 성령이 아직 그들에게 계시
지 아니하시더라) 요 7:38,39

예수님이 무엇을 마시라고 하는가? 바로 성령이다. 37절을
다시 보자.

명절 끝날 곧 큰 날에 예수께서 서서 외쳐 이르시되 누구든지 목마르
거든 내게로 와서 마시라 요 7:37

여기에 사용된 '마시라'의 헬라어 동사는 '피네토'인데, '반복
해서, 되풀이해서 들이킨다'라는 뜻을 가지고 있다. 즉, 본문을
직역하면 "누구든지 목마르거든 내게 와서 마시고 또 마셔라,
성령을 마셔라"라는 명령이 된다.

이것이 성령 충만함의 특징이다. 기도가 끝나면 더 기도하고 싶은 목마름, 예배가 끝나면 언제 또 예배를 드릴까 하는 목마름이 생긴다는 것이다. 이런 목마름을 구해야 한다.

성령 충만에 대한 오해 중 하나는 목소리가 쉬어 있고, 누군가를 쓰러뜨리는 것이 성령 충만이라고 여기는 것이다.

그러나 성령 충만이란 목마름이 더 깊어지는 것이다. 예수님에 대한 기대가 더 깊어지고, 예배에 대한 목마름이 더 커지는 것이다. '이 정도면 성령 충만하다, 은혜 충만하다, 믿음의 전성기를 지나고 있다'고 생각한다면, 그것은 성령으로 충만한 상태가 아니라 영적 포만감에 빠져 있는 상태일 가능성이 크다. 성경은 영적인 포만감을 주의하라고 경고한다.

너희가 이미 배 부르며 이미 풍성하며 우리 없이도 왕이 되었도다 우리가 너희와 함께 왕 노릇 하기 위하여 참으로 너희가 왕이 되기를 원하노라 고전 4:8

네가 말하기를 나는 부자라 부요하여 부족한 것이 없다 하나 네 곤고한 것과 가련한 것과 가난한 것과 눈 먼 것과 벌거벗은 것을 알지 못하는도다 계 3:17

지금 성령 충만에 대한 목마름, 은혜에 대한 목마름이 있는가? 아니면 영적인 포만감 가운데 머물러 있는가? 혹 그런 분들이 있다면, 하나님께서 성령에 대한 목마른 심령을 부어주시기를 소망한다.

우리는 자신을 점검하고, 영적으로 분별할 수 있어야 한다.

> 너희는 이 세대를 본받지 말고 오직 마음을 새롭게 함으로 변화를 받아 하나님의 선하시고 기뻐하시고 온전하신 뜻이 무엇인지 분별하도록 하라 롬 12:2

나부터 하나님의 은혜에 대한 목마름이 더 깊어지길 기도하게 되었다. 우리가 세상을 살아가면서 겪게 되는 결핍과 목마름이 예수님의 은혜로 해갈되는 역사가 나타나길 기도한다.

우리가 세상에서 노력하면 얻을 수 있는 것들을 구하는 수준, 그것을 받을 수 있는 방법을 고민하는 것이 아니라 하나님만 주실 수 있는 은혜, 성령의 충만함을 사모하는 하나님의 자녀들이 되길 바란다.

영적 포만감에 머무르는 성도가 아니라 예수님과의 관계 회복에 대한 목마름, 성령 충만에 대한 목마름을 가진 갈급한 심령들이 되기를 바란다.

성령으로부터 흘러나오는 은혜의 강물을 구하라

내가 따르고 있는 교회론 중에 대표적인 것이 '물 철학'이다. 물은 흘러가다가 난관이 있으면 그 자리에 머물고, 더 채워져 그 난관을 넘어 흘러가게 되면 다시 흘러간다. 그렇게 순리를 따라간다는 것이 물 철학인데, 나는 우리 교회가 그런 교회가 되길 바랐다.

그렇기에 분립을 하면서 인위적이지 않으려고 정말 많이 노력했다. 하나님이 하신 것이라는 고백을 할 수 있는 교회가 되고 싶다는 거룩한 도전이 내 안에 있었기 때문이다. 그럼에도 중간중간 욕심이 생겼다. 좀 더 좋은 것, 더 좋은 사람과 함께하고 싶은 욕심들이었다. 그러다 보니 개척을 준비하는 기간은 이 모든 것을 내려놓는 씨름의 연속이었다. 그렇게 욕심부리지 않고, 조급해하지 않고, 양보하고, 사랑하고, 포기하는 과정을 밟아 여기까지 왔다.

그런데 본문을 묵상하다 보니, 물 철학은 이런 순리에만 있는 것이 아니라는 것을 깨닫게 되었다. 바로 성령으로부터 흘러오는 물, 예수님으로부터 흘러오는 그 은혜의 강물이 있어야 순리를 따르는 일이 가능하다는 것이었다. 그러다 보니 기대감이 생겼다.

'생수의 근원이신 예수님이 우리 안에 성령의 은혜를 부어주신다면 얼마나 놀라운 일들이 생길까?'

예수님과의 관계 회복, 성령 충만에 대한 목마름을 통해서 하나님이 우리를 또 다른 순리의 길로 인도해주시길 소망하게 되었다.

요한복음 7장 본문은 구약성경 에스겔서에서 언급된 내용을 배경으로 하고 있다. 성전 미문에서 흘러내리는 물, 그 은혜의 물이 발목까지 차더니, 허리까지 차고, 머리까지 넘쳐서 성전 문 바깥으로 흘러가는 내용이다.

> 강 좌우 가에는 각종 먹을 과실나무가 자라서 그 잎이 시들지 아니하며 열매가 끊이지 아니하고 달마다 새 열매를 맺으리니 그 물이 성소를 통하여 나옴이라 그 열매는 먹을 만하고 그 잎사귀는 약 재료가 되리라 겔 47:12

이 물이 성령 충만이다. 우리 안에 이런 은혜가 차고 넘쳐서 성도들에게 약이 되고 풍성히 먹이시는 은혜를 경험하게 되길 소망한다. 이런 은혜는 예수님으로부터 온다.

> 그날이 오면, 산마다 새 포도주가 넘쳐흐를 것이다. 언덕마다 젖이 흐를 것이다. 유다 개울마다 물이 가득 차고 주의 성전에서 샘물이 흘러나와, 싯딤 골짜기에 물을 대어 줄 것이다. 욜 3:18, 새번역

그날에 생수가 예루살렘에서 솟아나서 절반은 동해로, 절반은 서해로 흐를 것이라 여름에도 겨울에도 그러하리라 슥 14:8

우리가 예수님 앞에 서야 한다.
"나에게 오라! 나에게 오라!"
지금도 서서 외쳐 부르시는 예수님 앞에 나아가 그 은혜를 간절히 구하는 우리 모두가 되길 소망한다.

에베소서 4:15,16

15 오직 사랑 안에서 참된 것을 하여 범사에 그에게까지 자랄지라 그는 머리니 곧 그리스도라 16 그에게서 온 몸이 각 마디를 통하여 도움을 받음으로 연결되고 결합되어 각 지체의 분량대로 역사하여 그 몸을 자라게 하며 사랑 안에서 스스로 세우느니라

chapter 09

머리 되신 그리스도를 따르라

성경에 보면 인간이 구하기 이전에 하나님께서 미리 계획하신 조직이 있다. 인간이 요청하지 않았지만, 하나님께서 만들어주신 공동체가 있다. 가정과 교회다. 최초의 가정은 아담의 요청이 아니라 하나님의 주도하심으로 탄생했다. 교회도 마찬가지다. 최초로 '교회'라는 단어가 등장할 때에는 예수님이 친히 믿음의 고백 위에 교회를 세우겠다고 말씀하셨다.

즉, 가정이나 교회나 인간의 우연으로 만들어진 것이 아니라 하나님이 주체가 되신다는 것이 성경이 우리에게 가르쳐주는 것이다.

얼마 전에 결혼식의 주례를 맡았던 적이 있다. 그 자리에서 나는 부부가 되는 두 사람을 향해 어마어마한 질문을 했다.

"비가 오나 눈이 오나 바람이 부나, 슬플 때나 기쁠 때나, 병에 들거나 어려울 때에도 평생 서로를 사랑하기로 서약하겠습니까?"

이 질문에 신랑 신부는 많은 하객들 앞에서 어마어마한 선언을 했다.

"예!"

두 사람은 고민도 없이 바로 "예"를 외쳤다. 대답하는 두 사람의 눈빛은 오히려 '이렇게 쉬운 걸 왜 물어보지?' 하는 것 같았다.

결혼식을 올리는 사람들의 공통점이 있다. 콩깍지가 씌었다는 것이다. 그래서 엄청나게 어려운 이 질문이 왜 어려운지조차 잘 모른다. 결혼생활을 하고 있는 선배들에게 다시 질문하면 어떤 반응을 보일까? 이 약속이 쉬운 약속인가? 쉽지 않다.

이 결혼식의 주례사를 준비하면서 결혼에 대한 재미있는 기사를 보았다. 아내들에게 "남편이라는 존재란?"이란 질문을 던진 후 그 답변을 정리한 내용이었다. 그 답이 이랬다.

남편이라는 존재란?
- 집에 두고 오면, 근심덩어리.
- 같이 나오면, 짐덩어리.
- 혼자 내보내면, 걱정덩어리.
- 마주 앉아 있으면, 웬수덩어리.

주례사를 하면서 이 기사를 읽었는데, 그때 하객들이 얼마나 큰 소리로 웃으셨는지 모른다. 왜 그렇게 많은 이들이 이 기사에 웃으며 공감했을까? 사랑해서 결혼했지만, 아내들의 이 답변이 너무나 공감되었기 때문이다. 그만큼 결혼 서약을 지키는 것이 쉽지 않다는 것을 알기 때문일 것이다.

관계의 우선순위

그런데 우리가 이것을 공감하는 수준에만 머물면 안 되지 않겠는가? 예수 믿는 사람은 조금 달라야 한다. 그래서 이제 막 부부가 된 이들에게 꼭 권면하는 말씀이 있다.

사랑하는 자들아 우리가 서로 사랑하자 사랑은 하나님께 속한 것이니

요일 4:7

사랑은 우리의 노력으로 되는 것이 아니라 하나님께 속한 것이라 말한다. 콩깍지로 생긴 뜨거운 감정은 금방 식어버린다. 그래서 사랑이 속한 하나님께 그 사랑을 찾고 구하는 관계 안에서 부부 사이의 관계를 세워가야 한다. 하나님과의 관계를 우선순위에 두는 것이 가정의 첫 단추가 되어야 한다는 것이다.

가정의 머리가 되신 하나님, 사랑의 주체이신 하나님과 친밀

한 관계를 유지하다 보면 근심덩어리 남편이 사랑스러워지고, 짐덩어리 남편이 애틋하게 느껴지며, 걱정덩어리 남편이 안쓰러워지고, 웬수덩어리 남편을 사랑하게 된다는 것이다. 하나님은 우리에게 이렇게 간증할 수 있는 힘을 약속하신 것이다.

가정이 어떻게 출발했다고 했는가? 사람이 구해서 출발한 것이 아니라 하나님께서 미리 예정하시고 준비하신 공동체라고 했다. 교회에도 동일한 원리가 적용된다. 교회 역시 하나님께서 주도하셔서 세우신 조직체다. 교회의 머리 되신 그리스도를 기억하면서 주님과의 관계가 모든 교회생활의 출발점이 된다면, 교회 안에서도 이런 간증이 넘쳐나게 될 것이다.

평촌드림교회가 분립 개척을 앞두고 마지막 기도모임을 할 때, 함께할 성도들에게 이런 질문을 한 적이 있다.

"평촌드림교회의 주인은 누구입니까?"

그러자 그 자리에 참여하셨던 모든 성도들이 고민도 하지 않고 대답했다.

"하나님이십니다!"

그렇다. 우리 교회의 주인은 하나님이시다. 그런데 간혹 교회의 주인은 목사가 아니라 교인이라고 얘기하는 사람도 있다. 어떤 의미에서 하는 말인지는 안다. 그러나 교회의 주인은 하나님이시다. 이것은 정말 중요한 사실이다. 이것을 기억하며 본문으로 들어가보자.

첫 단추를 놓친 에베소교회

오직 사랑 안에서 참된 것을 하여 범사에 그에게까지 자랄지라 그는 머리니 곧 그리스도라 그에게서 온몸이 각 마디를 통하여 도움을 받음으로 연결되고 결합되어 각 지체의 분량대로 역사하여 그 몸을 자라게 하며 사랑 안에서 스스로 세우느니라 엡 4:15,16

에베소교회가 이 이야기를 들어야 했던 이유는 무엇일까? 사도 바울은 왜 감옥에 갇혀 있음에도 '교회의 머리는 예수 그리스도'라는 가장 기본적인 가르침을 전해야 했을까?

에베소교회는 이 단순한 출발, 첫 단추를 놓치고 있었다. 이를 살펴보기 위해서는 에베소교회의 특징을 알아야 한다.

먼저, 에베소교회는 우리가 다 알 만한 훌륭한 지도자들이 많이 거쳐간 곳이다. 사도 바울이 3차 전도 여행 중 이곳에서 3년 동안 눈물로 사역하며 목회의 기초를 놓았다. 바울의 동역자였던 아볼로는 학문이 높고 성경에 능통한 학자였으며(행 18:24), 바울을 위해 목숨까지 내놓았던 충성된 부부 브리스길라와 아굴라는 이름도, 빛도 없이 헌신하며 교회의 근간을 세웠다.

그리고 바울의 영적 아들인 디모데가 바울의 권면으로 에베소교회를 섬겼으며(딤전 1:3,4), 사도 요한도 말년에 이곳에 머물며 성도들을 섬겼다. 전승에 따르면 네로 황제 박해 시기에 디모데가 순교하자 그를 이어 사도 요한이 에베소교회의 지도자가 되었다고 한다.

이들 중에 한 명만 있었어도 그 교회에는 큰 기쁨이었을 텐데, 에베소교회는 탁월한 지도자들이 연이어 섬겼던 교회였다. 교회 역사를 살펴보아도 이렇게 꾸준하게 좋은 리더십이 섬기던 교회는 드물다.

또한 에베소교회는 신앙의 열심이 있고 신앙의 수준이 높은 교회였다. 요즘 말로 하자면, 소위 기준이 아주 높은 교회였다. 그래서 사도 요한은 이 교회를 이렇게 칭찬한다.

내가 네 행위와 수고와 네 인내를 알고 또 악한 자들을 용납하지 아니한 것과 자칭 사도라 하되 아닌 자들을 시험하여 그의 거짓된 것을 네가 드러낸 것과 또 네가 참고 내 이름을 위하여 견디고 게으르지 아니한 것을 아노라 계 2:2,3

여기에는 행위, 수고, 인내, 참음, 견딤, 게으르지 않음 등 그들의 모습이 구체적으로 언급된다. 그들은 말로만 신앙생활한 것이 아니라 삶으로 살아내려는 애씀이 있었던 교회였다.

또한 사도행전에는 설교 한 편을 듣고 회개하고 돌이키기로 결단했던 그들의 모습이 상세하게 기록되어 있다.

또 마술을 행하던 많은 사람이 그 책을 모아 가지고 와서 모든 사람 앞에서 불사르니 그 책값을 계산한즉 은 오만이나 되더라 행 19:19

당시에는 책이 매우 값비싸고 귀중한 물건이었다. 그런데 설교 한 편을 듣고 예전에 영향을 받았던 책들, 그 값이 은 오만이나 되는 많은 책들을 불사르는 결단을 내린 것이다. 에베소교회는 이처럼 신앙의 수준이 높고, 헌신의 기준이 높은 교회, 그들이 행했던 행동 하나하나가 성경에 세세하게 기록된 칭찬받는 교회였다. 정말 대단한 교회다.

그런데 왜 사도 바울은 감옥에서 이토록 훌륭한 자질을 갖춘 에베소교회를 향해서 이 편지를 쓸 수밖에 없었을까? 우리가 생각해 봐야 하는 지점이다.

훌륭한 모습 이면의 문제점

전혀 문제가 없을 것 같은 에베소교회를 향해서, 이 교회를 거쳐 갔던 지도자들은 모두 문제점을 지적한다. 겉으로 보이는 훌

류한 모습 이면에 있던 문제점 때문이다.

모든 섬김은 사랑이 바탕이 되어야 하는데, 이것이 빠져 있다는 말이다. 그들이 말하는 이론은 수준 높은 것이었지만, 자신이 하는 말이 무슨 뜻인지도 모르고 말하는 사람들이 모여 있다는 말이다. 그 교회를 지도했던 디모데가 지적하며 한 말이다.

사도 요한도 이렇게 지적한다.

두 지도자의 공통적인 책망은 사랑을 잃어버리고 있다는 것이다. 에베소교회는 처음 출발했던 마음을 놓쳐 버린 상태였다. 그들에게는 여러 가지 좋은 신앙의 모습들이 있었지만, 정작 아주 기초적인 것을 놓치고 있었다. 이것이 에베소교회가 처해 있던 영적인 문제였다.

교회 공동체가 불과 같은 곳에 뛰어들 수 있는 헌신이 있는 것도 귀하고, 해박한 성경 지식으로 이단과 맞서 싸워 이기는 것도 귀하다. 그런데 아무리 모든 것을 다 갖추고 훌륭하다 할지라도 그 모든 동기에 '사랑'이 빠진 것은 문제가 있다. 따라서 교회는 사랑의 공동체로서의 정체성을 무슨 일이 있어도 지켜내야 한다.

우리 가정과 교회가 건강한 공동체, 사랑이 넘치는 가정과 교회가 되기를 바란다면, 에베소교회를 향해 말씀하시는 가르침과 지적에 귀를 기울여야 한다. 말씀을 통해 우리가 기억해야 할 것들을 살펴보자.

부르심의 주체를 인정하라

사도 요한은 에베소교회를 향해 이렇게 말한다.

그러므로 어디서 떨어졌는지를 생각하고 회개하여 처음 행위를 가지라 만일 그리하지 아니하고 회개하지 아니하면 내가 네게 가서 네 촛대를 그 자리에서 옮기리라 계 2:5

'처음 행위'란 무엇일까? 사도 바울이 말했던 '교회의 주인, 교회의 머리 되신 분은 그리스도이시다', '우리를 교회로 부르신 분은 하나님이시다'라는 것을 기억해야 한다는 말이다. 우리의 모든 신앙 행위는 여기에서부터 시작되어야 한다.

에베소교회가 이것을 놓쳤다. 그들은 이단을 축출하고, 이단의 교리를 반박하고, 잘못을 드러내고, 게으르지 않았으며, 열심으로 살아갔다. 하지만 그 신앙적 열심은 부르심의 주체를 잊어버린 열심이었다. 가장 먼저 가져야 할 하나님과의 친밀감을 놓친 것이다.

평촌드림교회를 개척한 후에 여기저기기서 조언을 많이 해주었는데, 한번은 나를 아끼는 한 목사님이 이렇게 조언해주셨다.

"조 목사님, 제가 교회를 개척해서 17년 목회를 해왔습니다. 그러다 보니, 개척 초창기에 조심해야 할 사람이 있다는 걸 알게 되었습니다. 기도는 하지 않으면서 이것저것 열심히 하는 사람입니다. 이런 사람을 가장 조심해야 합니다."

하나님과의 친밀한 관계 없는 열심을 경계하라는 말씀인데, 마치 내게 주시는 하나님의 음성으로 들렸다. 하나님과의 친밀함 없이 열심을 낼 수 있는 위험에 가장 크게 노출되어 있는 사람이 바로 나라는 생각이 들었기 때문이다. 그러면서 나는 이렇게 다짐했다.

'하나님과 깊은 교제 없이 진행되는 사역들을 조심하자. 모든 사역의 출발과 모든 행위의 시작을 교회의 머리 되신 예수 그리스도, 교회의 주인이신 예수 그리스도의 명령을 따라 행하자.'

지금도 문득문득 시시때때로 기억하며 다짐하고 있다.

하나님의 뜻을 아는 비결, 친밀함

하나님과 친밀함이 왜 그렇게 중요한가?

여호와의 친밀하심이 그를 경외하는 자들에게 있음이여 그의 언약을 그들에게 보이시리로다 시 25:14

주님께서는, 주님을 경외하는 사람과 의논하시며, 그들에게서 주님의 언약이 진실함을 확인해주신다. 시 25:14, 새번역

하나님의 뜻을 알 수 있는 비밀이 바로 하나님과의 친밀함에 있기 때문이다. 그렇기에 교회를 이끌어가야 할 방향, 교회가 행해야 할 일들을 하나하나 결정할 때 나의 경험이나 내가 가지고 있는 지식이 아니라, 하나님과의 친밀함에 기반해야 한다. 거기서부터 출발해야 한다. 하나님과의 친밀함 없는 열심은 잘못된 길로 빠지기가 쉽다.

첫 출발은 하나님의 부르심

분립 개척을 준비할 당시, 준비 기도 모임에는 20~30명 정도 참여했지만, 분립에 동참하겠다고 결단한 성도는 두 명뿐이었을 때였다. 그즈음 백영고등학교 관계자가 "분립하면 분당우리

교회에서는 몇 명 정도 오시나요?"라고 물으셨는데, 차마 두 명 밖에 없다고 말씀드리기가 너무 어려워서 답을 드리지 못했다.

그러자 그 분이 답답하셨는지 "그러면 목사님, 1년 정도 지나면 몇 명 정도 모일 것으로 예상하세요?"라고 물으셨다. 그래서 나는 "한 100명에서 150명 정도 될 것 같습니다. 그것도 하나님이 은혜를 주셔야 가능할 것 같습니다"라고 답을 드렸다.

한참 후에, 학교측에서는 당시 내 말을 듣고 교회가 1년도 버티지 못하고 망하거나 학교를 떠나게 될 것 같았다고 걱정했다는 얘기를 들었다. 그런 상황인 것을 알면서도 학교에서 예배의 자리를 내어주신 것이다. 얼마나 감사한 일인지 모른다.

또한 아직 분립에 동참하겠다고 결단은 안 하셨지만, 함께 기도해주고 계신 성도들에게도 너무 감사했다. 천군만마같이 든든했고, 이분들과 함께한다면 무엇이라도 할 수 있을 것 같았다. 정말이지 눈물 나게 고마웠다.

그런 한편으로는 두려운 소리가 자꾸만 들렸다. 부교역자 시절에는 귀에 들어오지도 않던 말씀들도 막 들려왔다. 한번은 이찬수 목사님이 이런 말씀을 하셨다.

"한국교회의 불문율이 있는데, 개척 멤버는 다 교회를 떠납니다."

그 말씀을 듣고 나니, 분립에 동참하기로 결단했던 두 성도의 얼굴이 제일 먼저 떠올랐다. 그리고 함께 기도해주고 있는 20~30명의 얼굴이 떠올랐다. '이분들이 상처를 받으시면 안 되는데…' 하면서 마음이 힘들었다.

나는 좋은 지도자들을 만나서 목회 수업을 받았고, 건강한 성도들과 함께 신앙생활을 해왔기에 이전에는 한 번도 생각해보지 않았던 일이었다. 그래서 더욱 두려웠다. 나는 금식기도를 시작했다. 그들이 상처받고 떠날 바에야 차라리 분립 개척에 한 명의 성도도 따라오지 않게 해달라고 기도했다.

그런데 분립 개척 시점이 다가올수록 분립에 참여하겠다고 결심하는 성도가 하나둘씩 늘어갔다. 분립에 동참하겠다는 성도가 늘어갈수록 마음의 부담과 두려움은 이루 말할 수 없이 커졌다. 정말 한 명의 성도에게라도 아픔을 드리고 싶지 않았고, 개척 멤버가 교회를 떠나는 것이 불문율이라면 차라리 개척을 멈추고 싶었다. 그렇게 언제든 하나님께서 환경을 허락하지 않으시면 멈춰야겠다는 마음의 준비를 계속 하고 있었다.

두려운 마음은 여전했지만 개척 D-Day가 정해지고, 잘 분립 개척하는 것이 목표가 아니라 주 안에서 성도들이 행복한 신앙생활을 할 수 있는 교회를 세워가는 것, 그 일이 가능하도록 하나님의 은혜와 사랑이 채워지기를 위해 간절히 기도하며 준비했다.

그러다 문득 하나님께서 깨닫게 하시는 것이 있었다.

'평촌드림교회로 오는 첫 걸음이 하나님의 부르심에 반응한 걸음인가?'

하나님은 담임목사인 나에게 이러한 질문으로 응답하신 것이다. 그래서 나도 분립 개척에 동참하는 성도들에게 눈물로 당부했다.

"귀한 마음으로 분립에 참여하는 것은 감사하지만, 저를 보고 분립에 참여하면 절대로 안 됩니다. '빈자리라도 채워드려야겠다'는 마음은 감사하지만, 그런 마음으로 동참하면 안 됩니다. 첫 출발이 하나님의 부르심으로 시작되지 않는다면, 우리도 개척교회의 불문율에서 벗어날 수 없을 겁니다. 그러니 저를 비롯한 모든 성도들이 하나님의 부르심을 구하는 기도를 드립시다!"

교회로 부르시는 분이 그리스도이심을 기억하고, 하나님의 부르심에 순종함으로 결단할 수 있기를 기도하자는 것이었다. 그러는 동안 나는 교구의 어떤 성도에게도 분립에 동참해달라고 부탁하지 않았다. 쉽지 않은 씨름의 과정이었다.

처음 행위가 하나님의 부르심이 되는 것이 중요하다. 하나님의 부르심이 순종의 동기가 되지 않으면 언제든 쉽게 시험에 빠질 수 있다. 그러므로 우리 각자를 지금 이 자리에 부르신 분이 하나님이심을 인정해야 한다.

의지를 내어 사랑하기를 힘쓰라

하나님께서 그리스도인들을 박해하고 핍박했던 사울을 변화시킬 때 사용하신 결정적인 인물이 있다. 바로 아나니아이다.

> 그때에 다메섹에 아나니아라 하는 제자가 있더니 주께서 환상 중에 불러 이르시되 아나니아야 하시거늘 대답하되 주여 내가 여기 있나이다 하니 행 9:10

아나니아가 환상 중에 예수님의 부름을 받는다. 사울에게 가서 기도하고 안수하라고 말이다.

그런데 사울이 누구인가? 아나니아의 동료들을 핍박하고 죽이기까지 했던 원수 중의 원수 아닌가? 하지만 하나님께서는 원수 사울을 변화시키는 일에 아나니아를 사용하길 원하셨다. 참 어려운 하나님의 부르심이었다. 그 마음이 이렇게 기록되어 있다.

> 아나니아가 대답하되 주여 이 사람에 대하여 내가 여러 사람에게 듣사온즉 그가 예루살렘에서 주의 성도에게 적지 않은 해를 끼쳤다 하더니 행 9:13

사울을 만나는 일이 두렵기도 했을 것이다. 하지만 결국 아나니아는 주님의 말씀 앞에 순종한다.

그래서 아나니아가 떠나서, 그 집에 들어가, 사울에게 손을 얹고 "형제 사울이여, 그대가 오는 도중에 그대에게 나타나신 주 예수께서 나를 보내셨소. 그것은 그대가 시력을 회복하고, 성령으로 충만하게 되도록 하시려는 것이오" 하고 말하였다. 행 9:17, 새번역

인간적인 마음과 인간적인 감정을 내려놓고, 의지를 내어 하나님의 말씀에 순종하고 그렇게 사랑으로 품고 기도했더니, 기독교 역사상 가장 위대한 지도자라 할 수 있는 사도 바울이 세워지게 된 것이다.

사랑이 가득한 가정을 꿈꾸는가? 사랑이 넘치는 교회와 공동체를 꿈꾸는가? 그렇다면 인간적인 감정을 따라가지 말고 하나님의 말씀을 따라 의지적으로 사랑하기를 결단해야 한다. 사랑의 문제는 영적인 문제이기 때문이다. 의지적으로 힘써야 하는 문제다.

만물의 마지막이 가까이 왔으니 그러므로 너희는 정신을 차리고 근신하여 기도하라 무엇보다도 뜨겁게 서로 사랑할지니 사랑은 허다한 죄를 덮느니라 벧전 4:7,8

무엇보다도 먼저 서로 뜨겁게 사랑하십시오. 사랑은 허다한 죄를 덮어 줍니다. 벧전 4:8, 새번역

'무엇보다도 먼저' 서로 뜨겁게 사랑해야 한다. 마지막 때에 그리스도인은 기도도 하고 말씀도 보고 열심히 살아야 하지만, 그 많은 것들 중에 가장 먼저 해야 할 것은 서로 뜨겁게 사랑하는 것이다. 의지로 사랑해야 한다. 우리의 의지를 내어야 한다.

도저히 사랑할 수 없는 그 사람을 사랑하기 위해

내게도 이렇게 의지를 내어 사랑해야 했던 한 영혼이 있었다. 개척교회에서 전도사로 사역하던 때의 일이다. 나는 찬양대는 천천히 만들어야 한다는 이야기를 한참 지난 다음에야 들었다. 그래서 성도들이 찬양대를 만들자고 하기에, 성도가 20~30명 정도 모였을 때 7~8명으로 구성된 찬양대를 조직했다. 대부분 초신자거나 다른 교회에서 상처 받고 우리 교회로 옮긴 성도들이었다. 그중에 제일 연장자인 집사님이 자연스럽게 성가대장이 되었다.

그런데 성가대 대원 중에 교회에 갓 나오기 시작한 청년이 한 명 있었다. 그 청년이 노래를 좋아한다고 해서 성가대원이 되었는데, 이 청년이 눈치 없이 성가대 연습 시간에 질문을 해왔다.

"전도사님, 교회 집사님이 담배 피워도 되나요?"

그러면 성가대장 집사님의 얼굴이 빨개지셨다. 집사님이 담배를 못 끊은 상태였던 것이다.

이런 일이 반복되니 급기야 그 집사님의 어머니 되시는 권사님이 나를 찾아와서는 그 청년이 이상하다며 교회에서 내보내야 한다고 성을 내셨다. 나는 그 청년은 이제 막 교회를 다니기 시작한 초신자이니 권사님과 집사님이 조금만 참아달라고 말씀을 드렸다.

그런데 내 말이 끝나기도 전에, 전도사가 감히 자신의 말을 듣지 않는 거냐며 내 멱살을 잡아 흔들더니 뺨을 올려 치셨다. 정신이 하나도 없었지만 순간적으로 권사님을 붙들었다.

"권사님, 하나님이 이거 보고 계세요. 나중에 하나님 앞에 가서 왜 그랬냐고 하시면 뭐라고 대답하실 거예요? 흥분을 가라앉히세요."

그러다 권사님은 떠나셨다. 교역자실에 들어가서 보니 볼은 빨갛게 부었고, 모습이 엉망이었다. 담임목사님이나 다른 성도들이 이런 일들을 알면 힘들 수 있기에 볼이 가라앉을 때까지 교역자실에서 나오지 않고 마음을 진정시켰다.

당시에는 그런 집사님이나 권사님까지 사랑할 수 있어야 목회자의 수준이라고 생각했다. 하지만 나는 권사님이 너무 미웠고, 몰래 담배 피우셨다는 집사님이나 갓 교회를 다니는 청년을 교회에서 내쫓으라는 이야기를 다 품어낼 자신이 없었다. 그래서 집까지 가는 한 시간여 동안 지하철 안에서 하나님 앞에 솔직한 심정을 고백하며 기도드렸다.

'하나님, 이분들까지 사랑해야 하는 게 목회라면 저는 못 할 것 같습니다. 자신이 없어요. 그 권사님을 예배 때 마주칠까 두렵습니다. 권사님이 교회를 옮기시든지, 안 만날 수 있게 해주세요.'

그 후 실제로 작은 개척교회에서 그 권사님과 집사님을 마주칠 때마다 너무 힘들었다. 두렵기도 하고, 긴장되고, 사랑할 힘이 나지 않았다. 그래서 금식하며 기도하기 시작했다.

'하나님, 도와주세요. 저분을 마주칠까 두렵습니다. 저에게는 저분을 사랑할 힘이 없습니다. 저분을 품어낼 수 있는 은혜를 주세요. 사랑할 수 있게 해주세요.'

그렇게 간절히 기도하던 중에 하나님께서 주신 말씀으로 모든 상처가 치유되었다. 그 말씀이 나를 새롭게 했다.

그가 찔림은 우리의 허물 때문이요 그가 상함은 우리의 죄악 때문이라 그가 징계를 받으므로 우리는 평화를 누리고 그가 채찍에 맞으므로 우리는 나음을 받았도다 사 53:5

얼마나 아프셨을까? 얼마나 억울하셨을까? 그런데 나를 위해 맞으셨다. 나를 위해 그 모든 일을 겪으셨다. 그 예수님의 모습을 깨닫자 힘든 감정은 사라지고, 그 분들을 품을 수 있는 힘이 생겼다.

'예수님, 예수님이 맞으심으로 제가 나음을 입었다면, 제게도 오른뺨을 때리는 자에게 왼뺨도 댈 수 있는 힘을 주십시오. 그럴 수 있기를 결단하고, 사랑할 수 있기를 결단합니다. 도와주세요.'

그렇게 그 권사님을 사랑하기로 결단했다. 그리고 이것이 고백으로만 끝나지 않도록 권사님에게 말씀드렸다.

"권사님, 오늘 권사님이 오셔서 더 반갑습니다."

물론 쉽지 않았다. 하지만 의지를 내었다. 이 과정을 통해서 깨달은 것은 사랑한다는 것은 감정의 문제가 아니라 영적인 문제라는 것이다. 사랑하는 것은 의지의 문제라는 것이다.

성경은 우리에게 이렇게 가르친다.

그가 우리를 위하여 목숨을 버리셨으니 우리가 이로써 사랑을 알고 우리도 형제들을 위하여 목숨을 버리는 것이 마땅하니라 요일 3:16

성령의 가르침은 명확하다. 예수님의 희생을 기억하면서 누군가를 사랑하는 것이 마땅하다는 것이다. 적당히 희생하는 것이

아니라 우리도 형제를 위해 목숨을 버리는 것이 마땅하다는 것
이다.

사랑의 공동체를 꿈꾸는가? 그렇다면 의지적으로 내 앞에 있
는 지체들을 사랑하기로 결단하자. 사실 너무 다양한 배경을
가진 사람들이 모인 곳이 교회다. 그렇기에 사랑한다는 게 어렵
고 두려운 일일 수 있다. 하지만 성경이 우리에게 가르쳐주신 기
준을 따를 수 있기를 바란다. 우리의 힘으로는 할 수 없다. 그
러니 우리의 머리 되신 예수 그리스도를 바라보자.

"사랑은 하나님께 속한 것이니"(요일 4:7).

이것이 우리의 신앙생활에 필요한 첫 단추이다. 예수님을 바
라보면서 사랑하길 결단하고 의지를 내어 노력한다면 우리가
속한 교회와 가정이 사랑이 가득한 주님의 공동체로 세워질 것
이다.

신부 된 교회를 바라보시는 신랑 되신 그리스도

우리는 그리스도의 몸이다. 이 사실에 감사해야 한다. 성도
중에도 항상 교회와 일정 거리를 두는 사람이 있다. 교회에 대한
좋지 않은 기억을 갖고 있는 사람도 있다. 그런 분들에게 그리
스도의 눈으로 교회를 바라볼 것을 권한다.

성경을 보면 교회를 신부에 묘사한다. 신랑은 예수님이시다.

하나님은 인간적인 눈이 아니라 예수님의 시선으로 교회를 보신다. 신랑이 신부를 바라보듯 보신다는 말이다.

또 내가 보매 거룩한 성 새 예루살렘이 하나님께로부터 하늘에서 내려오니 그 준비한 것이 신부가 남편을 위하여 단장한 것 같더라 계 21:2

결혼식의 하이라이트는 신부가 입장하는 순간이다. 주례자의 특혜는 신부를 가장 정면에서 먼저 볼 수 있다는 것이다. 신부가 입장할 때면 모두 일어나서 손뼉을 치며 맞이한다. 그렇게 입장하는 신부를 바라보는 신랑의 눈빛을 보면 감격에 겨워 있다. 그 눈빛을 보면서 교회를 바라보시는 주님의 시선이 떠올라 주례를 설 때마다 가슴이 뭉클해진다.

하나님께서는 교회를 사랑하신다. 우리는 이 사실을 믿기 힘들 때가 많다. 교회가 얼마나 부족함이 많은가? 아픔도 많고, 문제도 많다. 하지만 하나님께서는 교회를 신부를 바라보는 신랑의 눈으로 바라보신다. 하나님께서는 그 교회를 아름답다고 하신다.

거듭 강조하지만, 교회의 머리가 되시는 분은 그리스도이시다. 우리는 그리스도의 몸으로 부름을 받았다. 우리도 하나님의 시선으로 교회를 바라보고, 교회의 주인 되신 분이 그리스도이심을 인정하고, 의지를 내어 사랑하기에 힘쓰자. 그럴 때 교회 안에서 함께하는 신앙생활에 감사와 감격이 넘치게 될 것이다.

너희가 서로 사랑하면 이로써 모든 사람이 너희가 내 제자인 줄 알리라
요 13:35

이 사랑이 날마다 넘치기를, 우리 삶에서 경험되기를 간절한
마음으로 기도한다.

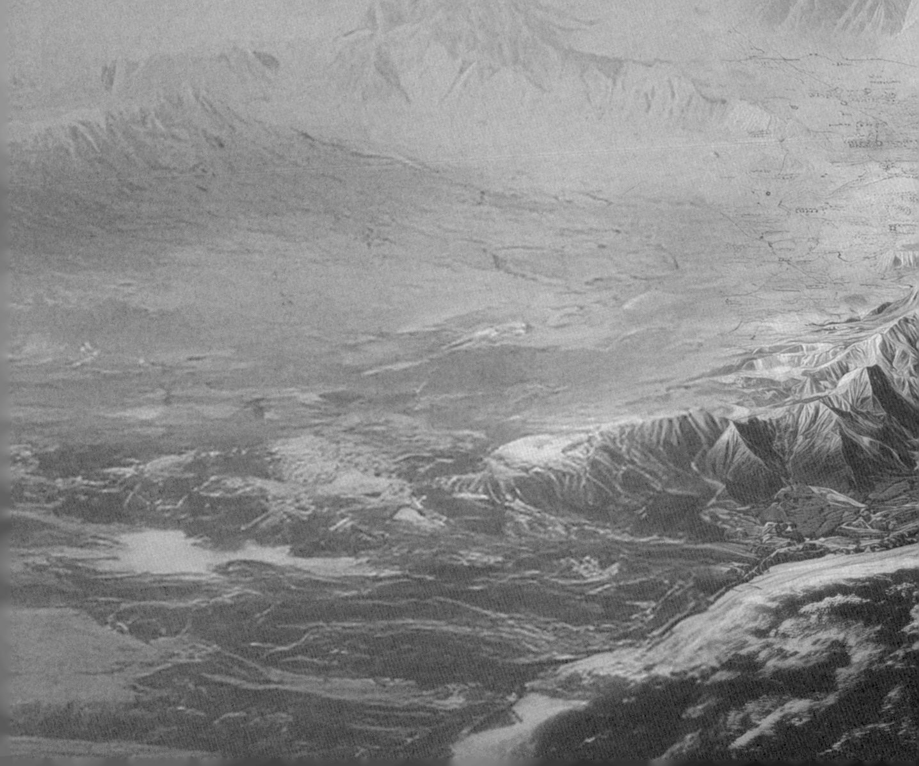

PART 4

끝까지 달려가는
주님의 길

47 말씀하실 때에 한 무리가 오는데 열둘 중의 하나인 유다라 하는 자가 그들을 앞장서 와서 48 예수께 입을 맞추려고 가까이 하는지라 예수께서 이르시되 유다야 네가 입맞춤으로 인자를 파느냐 하시니

chapter 10

시작보다 끝이 아름다울 수 있도록

어느 토크쇼에 초대손님으로 나온 인물이 아주 신선했다. 주로 연예인들이 나오는 프로그램이었는데, 가톨릭 신부님이 출연한 것이다. 방송은 그를 '밥집 사장이 된 열혈 사제'로 소개하고 있었다. 무슨 사연인가 싶어 눈여겨보았는데, 청년들이 마음 편하게 와서 식사할 수 있도록 착한 식당을 운영하신다는 것이었다. 그 내용이 참 훈훈하고 도전이 되어서 관심을 갖고 찾아보다 직접 쓰신 책이 있다는 것을 알고 곧바로 구입했다. 《누구도 벼랑 끝에 서지 않도록》(이문수)이란 책이었다. 그 책에 이런 내용이 나온다.

"그렇습니다. 누구나 삶을 살고 사람들을 만나다 보면 '저분이 참 좋은 분이었는데 왜 저렇게 되었을까?'라는 생각이 살며시 드는 안타까운 때가 있을 겁니다. 이유는 간단하죠. 어느 순간 성찰을 중단했기 때문입니다. 성찰에는 절대 끝이 없습니다. 끝이 있어서도 안 되고요."

"저분이 참 좋은 분이었는데, 왜 저렇게 되었을까?"

이 대목이 한동안 마음에 큰 울림을 주었다.

아마 가룟 유다가 예수님을 배신했다는 이야기를 들었을 때, 제자들 또한 동일한 반응을 보였을 것이다.

'가룟 유다, 참 좋은 사람이었는데 왜 저렇게 되었을까?'

가룟 유다는 예수님의 제자들과 함께한 공동체 안에서 재정을 맡았던 사람이다. 재정은 아무에게나 맡기지 않는다. 신뢰할 만한 사람에게 맡긴다. 더구나 제자들 중에는 세리였던 마태도 있었다. 재정 전문가였던 마태가 있음에도 유다에게 이 일을 맡겼다는 것은 그에게 행정적인 능력이 있었고, 신뢰할 만한 사람이었다는 것을 암시한다. 그랬던 유다가 예수님을 배반했다. 어쩌다 그렇게 되었을까?

사실, 우리 주변에도 이런 일들이 생각보다 비일비재하다. 교회에서도 예외가 아니다. 분명 순수하고 예수님의 은혜에 감격하던 선한 분이었는데 나중에 시간이 지나 듣다 보면 내가 만났던 분이라는 것이 믿기지 않을 정도의 이야기들을 들을 때가 종종 있다. 그러다 보니 성도들이 나에게 가장 많이 하는 부탁이 이것이다.

"목사님, 목사님은 제발 변하지 말아주세요."

이처럼 자기도 모르게 사람이 변할 수 있다는 점을 생각해볼 때 경각심이 생겼다.

우리 중 누구도 예외일 수는 없다. '나는 가룟 유다의 길을 가지 않을 수 있는 자신이 있어'라는 자만은 위험한 화근이다. 우리도 좋게 시작했지만 끝이 나빠질 수 있다. 그래서 처음보다 끝이 좋은 신앙생활을 위해 우리가 고민하고 점검해야 할 것들을 가룟 유다의 삶을 통해 살펴보고자 한다.

올바른 동기를 가졌는가?

가룟 유다는 왜 예수님을 배신했을까? 그것은 예수님께 실망했기 때문이다. 그는 열심당원이었다. 열심당은 로마의 식민지로부터 이스라엘이 해방될 수 있다면 목숨까지 바칠 정도의 희생 정신을 가진 사람들이 모인 단체였다. 가룟 유다는 예수님이야말로 이스라엘의 해방을 위한 메시아라고 믿고 예수님을 따랐던 것이다.

그런데 예수님이 말씀하시는 하나님의 나라는 자신이 생각하는 것과 너무나 달랐다. 예수님은 자신이 이해하기 힘든 말씀만 하셨다. 특히 로마의 압제로부터 이스라엘을 해방시켜주실 메시아라 믿고 따랐던 분이 자신이 십자가에서 죽을 것이라 말씀하시는 게 아닌가? 목숨까지 바칠 각오로 예수님을 따랐는데, 곧 죽으신다니 너무나 실망스러웠다. 예수님이 말씀하시는 방식, 예수님이 꿈꾸시는 하나님의 나라, 그것을 이루시는 과정 모두 가룟 유다가 기대했던 것과는 달랐다. 그는 그런 모습이 너무 실망스럽고 싫었다.

이런 가룟 유다의 모습이 왠지 낯설지 않다. 우리에게도 종종 이런 실망과 감정이 찾아오기 때문이다. 예수 믿으면 복을 받고, 예수 믿으면 하는 일이 잘 되고, 예수 믿으면 좋은 일들만 생길 것이라는 기대를 가지고 하나님 앞에 나아간다. 내가 기도하는 대로 응답이 되기를 기대하며 기도한다. 내가 생각하고 그려 놓은 그 '은혜'만을 떠올린다.

그렇게 기도하는 것이 잘못된 것은 아니다. 그런데 문제는, 우리의 현실이 이러한 기대와 다르게 펼쳐질 때가 있다는 것이다. 때론 내가 생각하는 것과 예수님의 방식이 부딪히는 일들이 생긴다. 내가 생각한 그림대로, 내가 생각한 계획대로 되지 않는 일들이 생긴다. 그럴 때 우리는 어떻게 반응하는가?

제자들의 경우 오병이어의 기적을 경험한 후에 갈릴리 바다를 건너라는 예수님의 말씀에 순종하여 배를 띄웠다가 풍랑을 만났다. 말씀에 순종했는데, 순풍이 온 것이 아니라 풍랑이 찾아온 것이다. 마음의 아픔을 위로 받기 위해 교회에 왔는데, 그 문제는 여전히 해결되지 않을 수 있다. 말씀에 순종하여 정직하게 행했는데, 순풍이 아니라 풍랑이 되어 돌아오는 경우도 있더라는 것이다.

실망했어도 주님 앞에 머물라

성경에는 예수님이 죽은 나사로를 살려주신 사건이 나온다.
나사로가 죽은 지 나흘이 되었을 때에야 예수님은 마리아와 마
르다를 찾아오셨다. 그때 마르다는 이렇게 고백한다.

마르다가 예수께 여짜오되 주께서 여기 계셨더라면 내 오라버니가
죽지 아니하였겠나이다 요 11:21

주께서 여기 계셨다면, 그 결과로 오라버니가 죽지 않았을 것
이라 말한다.

'주님이 나를 사랑하신다면, 나에게 이런 일이 생기면 안 되는
거야.'

'주님이 내 기도를 들으신다면, 나는 이렇게 되지 않았을 거야.'

'주님이 은혜의 주님이시라면, 이런 일은 없었어야 해.'

이런 공식들이 우리 안에 존재하다 보니, 인생의 어려운 문제
에 부딪힐 때, 내가 기대했던 것과 다른 현실을 만나게 될 때에
마르다처럼 고백하는 경우를 많이 보게 된다.

가룟 유다도 이와 같은 마음이었을 것이다. 하지만 그가 마
리아와 달랐던 것이 있었다. 예수님이 자신의 기대와 다른 방향
으로 가고 있다고 여겨 실망한 것까지는 비슷한데, 그는 실망에
머물지 않고 예수님을 팔아버리고 배신했다는 것이다. 그렇게

그는 최후의 만찬 자리에서 나가버렸다.

> 유다가 그 조각을 받고 곧 나가니 밤이러라 요 13:30

신학자들은 시간순으로 추적해볼 때, 가룟 유다는 최후의 만찬 자리에는 참석했지만 예수님께 조각을 받아들고 그 자리를 떠나는 바람에 십자가의 죽음을 상징하는 성찬식에는 참석하지 못했다고 말한다. 그래서 요한복음 14장부터 16장까지를 면밀히 살펴볼 때, 예수님의 기도의 자리, 그 친밀한 인격적인 교제의 자리에서는 그를 더 이상 찾아볼 수 없다. 그가 다시 돌아왔을 때는 예수님을 붙잡아 넘기기 위해서였다.

여기서 중요한 메시지 하나를 발견하게 된다. 나머지 11명의 제자들과 가룟 유다의 결정적인 차이가 바로 여기에 있다는 것이다. 나머지 11명의 제자들도 자신들의 기대를 품고 예수님을 따랐다. 예수님의 오른팔, 왼팔이 되고 싶어서 서로 다투기도 했고, 그 때문에 예수님께 책망을 듣기도 했다. 가룟 유다도 똑같았다.

그런데 결정적인 차이가 하나 있었는데, 그는 십자가의 희생과 죽음을 상징하는 성찬의 자리에 없었다는 것이다. 십자가의 은혜와 사랑을 예수님으로부터 직접 듣고, 그 은혜를 경험하는 자리에 그는 없었다. 실망했어도, 내 기대와 다른 현실을 맞닥

뜨린다 해도 예수님 앞에 머물러야 한다. 그분의 가르침에 여전히 귀를 기울여야 한다.

십자가의 은혜를 놓치지 말라

이런 측면에서 볼 때 교회 안에서 꼭 붙들어야 할 것이 있다면, 바로 십자가의 은혜라고 생각한다. 교회 안에서 꼭 경험해야 하는 은혜가 있다면 바로 십자가의 사랑이다. 자격 없는 자들을 끝까지 사랑하신 하나님의 사랑이다. 이 십자가의 사랑을 깨닫게 된다면, 우리의 삶은 이전과 같을 수가 없다. 이 십자가의 사랑을 깨닫게 된다면, 우리는 이전과 다른 삶을 살아갈 수 있게 된다.

나는 내가 목사가 되리라고는 전혀 생각하지 못했다. 다만 하나님께 받은 사랑이 너무 컸고, 눈물이 나도록 감사했다. 어떻게 하는 것이 하나님의 크신 은혜에 보답하는 삶일지 고민을 나누다 고등부 전도사님의 권유로 신학교에 가게 된 것이다.

더구나 마흔한 살에 담임목사가 될 줄은 꿈에도 상상하지 못했다. 하나님께 받은 사랑이 너무 컸고, 분당우리교회와 이찬수 목사님에게 받은 사랑과 용납이 너무 크기 때문에 빚진 마음으로 순종하게 된 것이다. 예수님의 십자가 사랑이 너무나 감격스러워서 어떻게 하면 그 은혜를 성도들에게 나눌 수 있을까 고민하는 나를 이끌어주시는 하나님을 따라왔을 뿐이다.

제비뽑기를 통해 평촌 지역의 교회로 파송 받아 나오게 된 것도, 백영고등학교에 교회가 들어오게 된 모든 과정 하나하나가 그저 하나님께 받은 사랑에 보은하고 싶은 마음으로 걸어온 길이었다.

이 모든 과정을 통해서 하나님께서 가르쳐주신 것이 있다. 교회는 목사의 친화력이나 대인관계, 지적인 똑똑함으로 세워지는 게 아니라는 것이다. 나는 지나치게 내성적이고 능숙하게 대인관계를 맺기에는 부족함이 많기 때문이다.

나 같은 자를 구원해주신 십자가의 사랑, 그 은혜에 감격하고 기뻐하는 것이 교회를 세워가는 동력이 되는 것이고, 어떻게 하면 그 은혜를 잘 나눌 수 있을까를 고민하는 과정이 하나님의 은혜를 담아내고 하나님의 은혜를 써가는 과정이 되더라는 것이다.

내가 목회자로서 이런 삶의 스토리를 쓰고 있다면, 당신은 어떤 은혜의 스토리를 써내려가고 있는가? 그 마음 중심에, 그 동기가 십자가의 사랑과 십자가의 은혜로 그 과정들을 출발하고 있는가? 우리는 이 부분을 점검해야 한다.

교회는 오래 다녔는데, 기적을 경험하는 자리에만 머물면서 십자가의 경험은 갖지 못하고 있는 것은 아닌지 돌아보아야 한

다. 믿는 모든 성도들이 십자가의 은혜를 경험하게 되기를 바란
다. 그러기 위해서는 '신앙생활의 동기가 올바른가'라는 질문을
가지고 늘 자신을 돌아보고 점검해야 할 것이다.

진실한 마음의 태도를 품었는가?

아주대학교 심리학과 김경일 교수는 오늘날의 사회를 '진정성
사회'라고 정의했다. 그러면서 "진정성이 없는 사람은 굳이 가
까이 할 필요가 없다"라는 도발적인 말을 하면서 이런 이야기를
했다.

"진정성이란 '사실'을 이야기하는 것이 아니라 '의도'를 감추지
않는 것이다."

너무나 공감되는 이야기였다. 성경을 보면, 유다는 의도를 감
추고 예수님을 따랐다는 기록을 곳곳에서 발견할 수 있다.

마리아가 300데나리온이나 되는 향유를 예수님의 발 앞에 깨
뜨려서 그분의 발을 닦을 때, 유다는 "그것을 가난한 사람을 위
해서 사용해야지, 왜 낭비하는가?"라고 말한다. 겉으로는 맞는
말 같지만, 실상은 의도를 감추고 있었다.

그가 이렇게 말한 것은, 가난한 사람을 생각해서가 아니다. 그는 도둑
이어서 돈자루를 맡아 가지고 있으면서, 거기에 든 것을 훔쳐내곤 하

였기 때문이다. 요 12:6, 새번역

겉으로는 옳은 말을 하고 있으나, 속으로는 남모르게 돈을
훔치고 있었다. 겉과 속이 달랐던 것이다. 진실한 마음은 없는
데, 입술의 고백은 있었다. 이런 가룟 유다의 이중적인 모습은
본문에도 등장한다. 그는 예수님을 팔아넘기고, 예수님을 잡으
려고 로마의 군대, 성전 경비병들과 함께 온다.

예수께 입을 맞추려고 가까이 하는지라 예수께서 이르시되 유다야
네가 입맞춤으로 인자를 파느냐 하시니 눅 22:48

유다는 자신이 팔아넘길 사람이라는 사인을 주기 위해 예수
님께 입맞춤을 하려고 한다. 그런데 주목할 점은 '입맞춤'을 의
미하는 헬라어로 '프로스퀴네오'가 사용됐다는 것이다. 이 단어
는 '경배하다, 예배하다, 입맞추다'라는 뜻을 가지고 있다. 하나
님을 경배하고, 예배하는 행동이 배교의 사인이 되었던 것이다.
　형식은 경배인 것 같아 보인다. 모양은 예배인 것 같아 보인
다. 모습은 친밀한 사랑의 표현 같아 보이지만, 그 중심은 그렇
지 않았다는 것이다.
　이런 측면에서 본문의 유다의 입맞춤이 내게 얼마나 큰 두려
움과 경각심을 주었는지 모른다. 형식도, 모양도, 모습도 하나

님을 예배하는 것 같지만, 중심의 진실함은 전혀 없이 예배를 드리고 있지는 않은지 돌아봐야 한다.

들키는 축복

이런 유다의 모습을 보면서, 그가 배신의 자리까지 가기 전에 차라리 그가 품었던 의도가 다 들켰으면 좋았을 것이라는 생각을 하게 되었다.

'유다가 예수님을 팔아버리려는 의도를 가지고 있던 것, 예수님을 팔려고 준비하던 것을 제자들에게 들켰다면, 그래서 망신을 당하기라도 했다면, 2천 년이 지난 지금까지 '배신자' 인생으로 낙인찍히지는 않았을 텐데…. 그때 그의 감춰진 의도가 들키지 않아서 2천 년이 지난 지금까지도 배신자의 전형이 되는 비참한 인생이 된 것 아닌가.'

분당우리교회에서 사역할 때 이찬수 목사님이 부교역자들을 축복하셨던 내용 중에 잊을 수 없는 것이 '들키는 축복'이었다. 이찬수 목사님은 이것이 옥한흠 목사님에게 받은 축복이라고 말씀하셨다. 어느 날 옥 목사님이 이찬수 목사님을 부르셔서는 이런 말씀을 하셨다고 한다.

"이 목사, 설교 준비 안 했으면 강단에 서지 마라. 설교 준비를 안 하고 강단에 섰다가 설교를 완전히 죽 쑤고 성도들에게 망신을 당한다면 그게 축복이다. 그런데 희한하게도 하던 가락이 있어서 그런지 설교가 된단다. 이런 상황을 늘 주의해야 한다."

그러면서 설교를 대충 준비하는 버릇이 들면 그게 망하는 길이고, 반복되면 목회자를 죽이는 결과가 된다고 하셨다는 것이다. 그래서 이찬수 목사님은 우리에게 이렇게 축복해주셨다.

"설교 준비 안 하고 섰을 때에는 버벅거리다가 망신당하는 축복을 경험하게 되길 바랍니다. 목사라고 거룩한 척하고 있지만 속으로 딴생각 하고 딴짓 하고 있다면 안 걸리는 게 저주이니, 다 걸리고 다 들통나고 망신당하는 축복을 받아야 합니다."

목사님의 말씀에 선뜻 '아멘'이 나오질 않았다. 오히려 등골이 오싹했다. 그런데 분립 이후, 이 가르침을 매주 되새기며 이 축복을 하나님께 구하고 있다.

'준비가 안 되었는데 설교가 술술 나오지 않게 해주십시오. 준비가 안 되었다면 들키게 해주십시오. 진정성 없이, 진실함 없이 목회하고 있을 때면 창피를 당하는 축복을 제게 주십시오.'

교회를 다니고 있고, 거룩한 척하고 있고, 직분도 받았고, 빠지지 않고 예배에 참석하고 있지만, 아무도 모르게 짓고 있는 죄가 있는가? 그렇다면 나는 온 마음을 다해 이렇게 축복하고 싶다.

"짓는 죄들이 다 들통나게 되기를 주님의 이름으로 축복합니다."

바람피우고 있다면 다 들통나게 하시고, 남들에게 사기 치고 거짓말하는 것이 있다면 다 들통나고 망신당하는 축복을 경험하게 되기를 바란다. 이것이 축복이다.

왜 이렇게까지 해야 하는가? 이런 은혜를 구하지 않고 이런 것을 축복으로 붙들지 않는다면, 우리는 금 새 가룟 유다의 길로 갈 수 있는 연약한 존재들이기 때문이다. 종교적 행위를 가지고 모든 것을 정당화하는 것을 조심해야 한다.

가룟 유다는 들키는 축복을 경험하지 못했다. 망신당하는 축복을 경험하지 못했다. 끝까지 숨기다가 예수님을 배교하는 자리까지 가게 되었다.

이 점을 늘 기억하고, 경각심을 가지고, 마음의 진실함으로 하나님 앞에 나아가길 바란다. 끝이 아름다운 그리스도인이 되기 위해 종교적 행위가 아닌 마음의 진실함을 지키기를 바란다.

'영적 표준'을 높여야 한다

가룟 유다를 보면 영적 표준이 높아져야 한다는 생각을 하게 된다. 평소의 태도, 행동을 보면 그 사람이 결정적인 순간에 어떻게 행동하게 될지를 어느 정도 예측할 수 있다. 앞서 살펴보았듯이, 그는 돈 궤를 맡았지만 돈을 훔치고도 양심의 가책이 없었다. 이런 그의 태도와 행동은 결정적인 순간에 그가 어떻게 행동할지를 예측할 수 있게 한다. 그는 예수님께 실망하고서 화를 낼 수도 있고, 싸울 수도 있었을 것이다. 하지만 그가 했던 선택은 돈을 받고 예수님을 팔아버리는 방식으로 배신하는 것이었다.

> 열둘 중의 하나인 가룻 유다가 예수를 넘겨 주려고 대제사장들에게 가매 그들이 듣고 기뻐하여 돈을 주기로 약속하니 유다가 예수를 어떻게 넘겨줄까 하고 그 기회를 찾더라 막 14:10,11

우리는 우리의 평소 행동과 태도를 돌아보면서 영적 표준을 높여야 한다. 표준이 높아지면 행동, 태도, 생각이 달라지기 때문이다. 높은 표준에 합당한 삶을 추구하게 되고, 그렇게 하다 보면 자연스럽게 그런 삶으로 변화되어가는 자신을 경험하게 된다.

하나님의 표준을 가져라

예전에 군대에 있을 때 이런 고참들이 있었다.

"나도 교회 다녀. 근데 너 참 유별나다. 너네 교회 사람들은 네가 군대 와서 뭘 하는지 아무도 몰라. 담배 좀 피우면 안 되냐? 술 좀 마시면 안 돼? 지금 하다가 제대하고 끊으면 되잖아."

끝까지 담배를 피우지 않고 술을 마시지 않는다고 고참들이 때리기도 하고 놀리기도 했지만, 희한하게도 내 마음은 흔들리지 않았다. 왜냐하면 고참들은 곧 있으면 나와 헤어질 사람들이기 때문이었다. 잠깐 함께 있을 사람들이 두려워서 영원히 나를 판단하시고, 나를 지켜보시는 하나님을 실망시켜드리고 싶지 않았다. 이런 기준을 가지고 있으니 마음에 상처로 남는 것도 없었다. 그냥 기도할 뿐이었다.

한 번은 군대 유격 훈련장에서 부대장님이 훈련을 잠시 중단하고 장기자랑을 해보자고 하셨다. 유격 훈련은 하루만 받아도 온몸이 남아나지 않을 정도로 힘든 훈련이다. 당시 유격 훈련 5일차였다. 그래서 온몸이 후들거릴 정도로 지쳐 있는 상황이었다. 이런 상황에서 장기자랑을 하면서 잠시 쉴 수 있다니, 사막에서 오아시스를 만난 심정이었다.

장기자랑이 끝나면 다시 훈련이 시작되니, 어떻게 해서든 시간을 벌어보려고 많은 부대원들이 장기자랑에 참여했다. 걸그룹 댄스, 차력쇼 등 장기자랑이 한바탕 벌어졌다. 부대원들 모두 신나게 참여한 장기자랑이 벌써 한참 흘렀고, 이제 장기자랑을 위해 대기하는 줄도 거의 없는 상황이 되었다.

그때 고참 중 한 명이 "너도 나가!"라고 했다. 고참의 명령에 어쩔 수 없이 장기자랑 대기 줄에 섰지만 앞이 깜깜했다. 춤이

든 차력쇼든 내가 죽었다 깨어나도 못하는 것들이었기 때문이었다. 드디어 순서가 되었다. 무슨 정신인지 모르겠지만, 그때 그나마 군인들이 가장 많이 알고 있던 '실로암' 찬양을 불렀다. 뜨거운 열기로 이어지던 장기자랑은 순식간에 찬물을 끼얹은 듯 썰렁해졌다. 어쩔 수 없었다. 나는 그때 아는 대중가요가 없었고, 아는 노래가 찬양뿐이었다.

그런 내 모습이 미웠는지, 고참들은 훈련 때 가스실도 한 번 더 들어갔다 오라고 했다. 이런 상황에서 나를 상담해주시던 부대장님이 이야기를 나누다 은혜를 받고 성경을 좀 알려달라고 하셨다. 그렇게 성경공부를 하다가 후에 이분이 교회를 세워버리셨다. 어떻게 이런 일이 일어났을까? 내가 생각해도 신기한 일이다.

그런데 가만 생각해 보니 나에게는 영적 표준이 있어서 그랬던 것 같다. 나에게는 하나님이 기준이셨다.

'나는 하나님을 믿는 사람이다.'

하나님이 싫어하시는 일은 하지 않으려 했고, 하나님이 기뻐하시는 일은 하려고 했다. 그렇기에 그런 상황에서도 감당할 수 있는 은혜를 경험하도록 도와주셨다. 순간순간 높은 표준을 품고 하나님의 뜻에 합당한 삶을 살아가려고 노력하다 보면 하나님이 힘을 주시고, 그 삶을 가능하게 만들어주시는 능력을 경험할 수 있다. 높은 기준에 합당한 삶을 살아갈 때 하나님이 우리의 삶을 지켜주신다.

옥한흠 목사님이 책에서 이런 말씀을 하셨다.

"하나님은 당신을 있는 그대로 사랑하신다. 그러나 그대로 두시지는 않는다. 하나님은 당신이 예수님처럼 되기를 원하신다."

표준을 높여야 한다. 가룟 유다는 예수님을 따르면서 풍랑을 지나기도 했다. 굶주림을 겪기도 했고, 놀라운 말씀을 듣기도 했다. 기적을 보기도 했다. 그런데 그것이 전부였다. 주님께 최고의 것을 드려야 한다는 표준이 없었다. 예수님의 제자로서 예수님처럼 살아가기를 원하는 표준이 없었던 것이다.

우리 예배의 표준이 높아지길 원한다. 예배는 나의 행복을 위한 자리가 아니다. 최고의 영광을 주님께 드리는 자리다.

무엇을 받기 원하는 수준에 머물지 않고, 하나님께서 기뻐하시는 뜻이라면 두려움 없이 달려갈 수 있는 기준이 우리 안에 세워지는 역사가 일어나게 되길 바란다.

¹ 내가 산을 향하여 눈을 들리라 나의 도움이 어디서 올까 ² 나의 도움은 천지를 지으신 여호와에게서로다 ³ 여호와께서 너를 실족하지 아니하게 하시며 너를 지키시는 이가 졸지 아니하시리로다 ⁴ 이스라엘을 지키시는 이는 졸지도 아니하시고 주무시지도 아니하시리로다 ⁵ 여호와는 너를 지키시는 이시라 여호와께서 네 오른쪽에서 네 그늘이 되시나니 ⁶ 낮의 해가 너를 상하게 하지 아니하며 밤의 달도 너를 해치지 아니하리로다 ⁷ 여호와께서 너를 지켜 모든 환난을 면하게 하시며 또 네 영혼을 지키시리로다 ⁸ 여호와께서 너의 출입을 지금부터 영원까지 지키시리로다

chapter 11

하나님은 너를 지키시는 자

시편 121편은 '하나님의 약속은 이루어진다'라는 것을 믿는 사람들이 고백할 수 있는 노래다. 이 말씀으로 설교를 준비하면서 유명한 배우이신 김혜자 씨의 《생에 감사해》라는 책의 한 대목이 생각났다.

"나를 깨우는 사람이 정말 많습니다. 연기할 때가 아니면 이렇게 늘쩍지근하고 게으른 사람인데, 그럴 때마다 내 생각을 깨우쳐주고, 자극을 주는 분들이 있어 왔습니다. '김혜자, 일어나!' 하고 말해주는 것 같은 이들이. 나를 정신 나게 하고 움직이게 하는 사람들이. 살다 보면 알게 됩니다. 고비고비마다 '그 사람'을 통해서 살게 했구나, 하는 것을.

'아, 정말 기가 막힌다. 신은 나만 보고 있는 게 아닐 텐데, 어떻게 굽이굽이마다 고마운 사람들을 보내주셨을까?' 하고 깨닫습니다. 내가 일부러 계획을 한 것도 아닌데, 나를 생각해주고 끊임없이 일을 하게 해주는 사람들, 살아야 할 이유를 갖게 해준 그 사람들이 얼마나 감사한지 모릅니다.”

책을 읽는데, 이 대목에 너무 공감이 됐다.

“신은 나만 보고 있는 게 아닐 텐데, 어떻게 굽이굽이마다 고마운 사람들을 보내주셨을까?”

나 역시 지난 시간을 돌아보면, ‘하나님께서 나만 보고 계신 게 아닐 텐데, 어떻게 굽이굽이마다 이런 복된 만남들을 허락해주셔서 내 인생을 여기까지 인도해주셨을까?’ 싶다. 저자의 고백이 내 고백과 너무 닮았다.

이 책을 덮고 말씀을 묵상하면서 분립 개척을 안 했으면 어쩔 뻔했나 싶은 생각이 들었다. 당시에는 너무 두려웠지만, 돌이켜 보니 분립 개척을 했기에 귀한 성도들과의 만남이 가능했다. 얼마나 감사한지 모른다. 인생의 굽이굽이마다, 한 치 앞을 내다보기 힘든 상황 속에서 하나님께서는 때마다 고마운 스승들, 고마운 성도들을 만나게 해주셔서 내 인생을 여기까지 인도해주셨다.

하나님의 약속을 향한 믿음의 고백

갑자기 이런 생각을 하게 된 이유는 서두에 밝힌 바와 같이 시편 121편이 이런 하나님의 놀라운 약속, 우리의 삶에 간섭하시는 하나님에 대한 믿음의 고백이 깊이 녹아 있는 노래이기 때문이다.

시편 121편의 배경에 대해서는 크게 두 가지 견해가 있다. 한 가지는 이스라엘 백성이 70년간 바벨론에서 포로로 살던 시기에 불렀던 노래라는 해석이다.

나는 내 모든 백성에게 조롱거리 곧 종일토록 그들의 노랫거리가 되었도다 나를 쓴 것들로 배불리시고 쑥으로 취하게 하셨으며 애 3:14-15

나라를 빼앗긴 슬픔과 아픔이 쓰디쓰다. 그럼에도 그들은 '하나님은 여전히 우리를 포기하지 않으신다'라는 믿음을 고백하며 이 노래를 불렀다는 것이다.

또 한 가지는 '순례자들의 노래'라는 해석이다. 유대인들은 보통 일 년에 세 차례(유월절, 칠칠절, 초막절) 예루살렘에서 벌어지는 축제에 참여하기 위해 긴 광야 길을 통과해야 했는데, 이때 불렀던 노래라는 것이다.

수많은 산과 거친 계곡을 지나고 야생동물에게 목숨을 위협당하며 광야 길을 지나와 지칠 대로 지쳐 있는 상황에 예루살렘에 입성한 이들은 다시 해발 600미터에 위치한 시온산의 성전을 향해 올라가야 했다. 더 이상 나아갈 힘이 없는 너무나 힘든 상황에서 순례자가 드린 고백이라는 것이다.

내가 산을 향하여 눈을 들리라 나의 도움이 어디서 올까 시 121:1

두 가지 해석이 참 다르게 보이지만, 한 가지 공통점이 있다. 나라를 잃은 큰 좌절과 슬픔의 상황이든, 혹은 험난한 광야 길을 헤쳐 가는 과정의 지칠 대로 지친 상황이든, 정말 어렵고 슬픔으로 가득한 상황에서 드리는 고백이지만, 너무나 밝고 힘차고 긍정적이고 확신에 찬 고백을 하고 있다는 것이다.

그들이 이렇게 힘 있게 노래할 수 있는 이유는 하나님의 약속이 담겨 있기 때문이다. 이 고백에 담긴 하나님의 놀라운 약속들을 함께 살펴보자.

하나님께서 나를 지키신다

시편 121편 3-8절에는 반복되는 표현이 등장한다.

여호와께서 너를 실족하지 아니하게 하시며 너를 지키시는 이가 졸지 아니하시리로다 이스라엘을 지키시는 이는 졸지도 아니하시고 주무시지도 아니하시리로다 여호와는 너를 지키시는 이시라 여호와께서 네 오른쪽에서 네 그늘이 되시나니 낮의 해가 너를 상하게 하지 아니하며 밤의 달도 너를 해치지 아니하리로다 여호와께서 너를 지켜 모든 환난을 면하게 하시며 또 네 영혼을 지키시리로다 여호와께서 여기에서는 '지키신다'라는 약속이 무려 여섯 번이나 반복된다. '하나님은 어려운 상황에서도 나를 지키신다. 나를 보호하신다.'

우리가 알고 있는 이 단순한 진리가 우리 마음 가운데 믿어질 때, 좌절과 고통 속에 지쳐 있을지라도 시편 121편을 노래할 수 있게 된다.

분립 개척을 준비하면서, 찬양은 아니지만 하나님이 나를 지키고 나와 함께하시며 도우신다는 확신을 경험하게 된 대중가요가 있다. 어려운 순간이 올 때마다 중얼거리곤 했다. 가수 장기하의 "가만 있으면 되는데 자꾸만 뭘 그렇게 할라 그래"라는 노래였다. '하나님이 지켜주시니 가만 있으면 되는데 자꾸만 뭘 그렇게 고민하고 할라 그래'라고 나 자신을 다독이며 하는 선포이기도 했다. 이 고백을 할 때마다 나를 향해 이렇게 선포하는 것이다.

"하나님은 나를 지키신다! 포기하지 않으신다! 보호해주신다!"

그렇다고 이런 고백을 '금 나와라 뚝딱, 은 나와라 뚝딱' 같은 주문으로 오해하면 안 된다. 시편 121편을 아무리 힘차게 고백한다고 해서 70년의 포로 생활이 30년으로 단축된 것이 아니다. 600미터 올라가야 하는 고지가 300미터로 줄어드는 것도 아니다.

환경의 변화는 여전히 없지만, 그럼에도 불구하고 하나님이 나를 지키신다는 단순한 약속이 믿어지기 시작하는 사람들이 시편 121편의 노래를 고백할 수 있게 된다. 이 약속을 붙잡는 인생은 여전한 환경에서도 시편 121편을 노래할 수 있는 은혜의 역사를 경험할 수 있게 된다.

하나님께서 관계의 회복을 주신다

시편 121편은 한 사람의 노래가 아니라, 한 사람이 고백하고 다른 사람이 화답하는 식으로 기록되어 있다. 즉, 1-2절 파트와 3-8절까지의 파트로 나누어져 있다. 1-2절까지는 한 순례자의 독백으로 되어 있다. 그래서 '나'라는 주어로 기록된다.

내가 산을 향하여 눈을 들리라 나의 도움이 어디서 올까 나의 도움은 천지를 지으신 여호와에게서로다 시 121:1-2

이어지는 3-8절에서는 또 다른 순례자가 이 순례자의 노래에 대해 화답하는 형식으로 노래한다.

여호와께서 너를 실족하지 아니하게 하시며 너를 지키시는 이가 졸

1절에서 "나의 도움 어디서 올까"라는 순례자의 자조 섞인 질문에 '여호와는 너를 지키시는 자이시다'라며 다른 순례자가 화답하는 것이다.

나는 이 고백이 우리의 기도 제목이 될 수 있기를 바란다. 이 고백이 우리 공동체의 고백이 되길 꿈꿔본다. 우리가 사는 세상은 그렇지 않기 때문이다.

우리의 가정은 어떠한가? "나의 도움이 어디서 올꼬?"에 "시끄러워"라고 반응하고 있지는 않은가? 삶에 지친 배우자가 "나의 도움이 어디서 올꼬?"라고 하면 3절 이하의 고백으로 화답하는 가정이 되길 바란다. 자녀들이 "누가 나를 도와주지?"라고 탄식할 때면 3절 이하를 말해줄 수 있는 부모들이 되길 바란다.

이런 아름다운 고백을 하기 위해 먼저 기억해야 하는 것이 있다. 3절 이하부터 주어가 '여호와'로 바뀌었다는 것이다.

여호와께서 너를 실족하지 아니하게 하시며 너를 지키시는 이가 졸지 아니하시리로다 … 여호와는 너를 지키시는 이시라 여호와께서 네 오른쪽에서 네 그늘이 되시나니 … 여호와께서 너를 지켜 모든 환난을 면하게 하시며 또 네 영혼을 지키시리로다 여호와께서 너의 출

지쳐 있는 사람과 화답하는 사람 사이에 '여호와'를 중심으로 고백이 이어진다. '내'가 열심히 해보겠다는 것이 아니라 '여호와께서' 지키심을 말한다. '나'의 어떤 선한 노력이 아니라 '여호와'께서 관계 회복의 주체가 되신다. 시편 121편은 우리가 이것을 믿을 때 모든 관계의 회복이 시작된다는 약속을 담고 있다.

은혜가 충만할 때는 모든 일에 하나님이 주체가 되신다는 고백이 넘쳐난다.

"하나님께서 우리 목사님을 보내주셔서, 이런 복된 만남을 허락해주셔서 이런 은혜를 누리게 하시네요."

"하나님께서 어떻게 나를 아시고 나에게 도움을 주시는 이런 순장님을 만나게 하셨을까요?"

"하나님께서 어떻게 이런 순원분들을 만나게 해주셨을까요?"

반면, 은혜가 떨어지면 하나님의 존재가 사라지고 아픔만 남는 고백이 난무하게 된다.

"아이고, 재수가 없어서, 어떻게 이런 사람을 만났을까요?"

하나님의 존재가 사라진 인간관계에는 아픔만 남게 된다.

우리가 맺는 관계는 어떠한가? 우리 부부 사이에는 하나님이 주체가 되는 고백들이 넘쳐나는가? 부모와 자녀 사이에 어떤 고백들이 오고가는가? 공동체 안에서 이뤄지는 고백은 어떤가?

모든 만남의 주체는 하나님이시다

목회자다 보니, 결혼식 주례를 자주 하게 된다. 주례를 할 때마다 한 가정의 출발을 앞두고 항상 이렇게 선포한다. "두 사람은 이제 하나님께서 짝지어 주신 부부가 되었다"는 것이다. 그러면서 "두 사람의 만남은 우연이 아니라 하나님이 주체가 되어 주신 만남이라는 것을 일생 잊어버리면 안 된다"라고 말한다.

이것을 기억하는 가정에는 은혜가 충만하다. 그러므로 하나님께서 우리 삶의 주체가 되시고, 만남의 주관자가 되신다는 고백이 우리에게 넘칠 수 있기를 바란다. 어느 대중가요의 가사처럼, 우리의 만남은 우연이 아니다.

부부의 만남도 우연이 아니고, 부모와 자녀의 만남도 우연이 아니며, 세상 속에서 갖게 되는 어떤 만남도 우연이 아니다. 보이지 않는 하나님께서 남편으로, 아내로, 자녀로 가정을 이루게 하셨음을 기억할 때, 가정의 깨어진 관계가 회복되는 역사가 나타난다.

모든 만남의 주체는 하나님이시다. 나에게 허락된 만남이 보이지 않는 하나님께서 눈에 보이는 하나님의 도우미로 내게 보내주신 만남이라는 것을 깨닫는 은혜가 있기를 바란다. 그로 인해 부부 관계가 회복되길 바란다. 자녀와의 관계가 회복되길 바란다. 교회 내 어려운 관계가 회복되길 바란다.

주어가 여호와가 될 때 회복이 일어난다

이 말씀을 묵상하면서 취업, 결혼 등 넘어야 할 현실의 벽이 너무 높아서 지칠 대로 지쳐 있는 청년들의 모습이 생각났다. 또한 너무 빠르게 닥치는 은퇴와 경제적인 어려움, 불확실한 미래에 대한 두려움에 지쳐가는 부모 세대의 모습도 떠올랐다.

대한민국 전체적으로 갈등의 골이 깊다. 세대 간의 갈등은 너무 심각해서 두려울 지경이고, 가정의 깨어짐도 심각하다. 부모 자녀간의 갈등, 부부간의 깨어짐의 문제도 만만치 않다.

그렇다면 우리는 어떤 태도로 이 난관을 넘어설 수 있을까? 관계의 중심에 '여호와'께서 주어가 되셔야 한다. 그러면 아버지를 이해할 수 있게 된다. 자녀를 이해할 수 있게 된다. 세대 간의 다름을 받아들일 수 있게 된다.

어떤 어려움 가운데서도 우리가 기억할 것이 있다. 하나님께서 나를 지키신다! 이 믿음을 가진 사람에게, 하나님께서는 어려운 상황에서도 시편 121편을 노래할 수 있는 능력을 부어주실 것이다. 그런 은혜가 우리 모두에게 충만하길 바란다.

10 바로가 가까이 올 때에 이스라엘 자손이 눈을 들어 본즉 애굽 사람들이 자기들 뒤에 이른지라 이스라엘 자손이 심히 두려워하여 여호와께 부르짖고 11 그들이 또 모세에게 이르되 애굽에 매장지가 없어서 당신이 우리를 이끌어 내어 이 광야에서 죽게 하느냐 어찌하여 당신이 우리를 애굽에서 이끌어 내어 우리에게 이같이 하느냐 12 우리가 애굽에서 당신에게 이른 말이 이것이 아니냐 이르기를 우리를 내버려 두라 우리가 애굽 사람을 섬길 것이라 하지 아니하더냐 애굽 사람을 섬기는 것이 광야에서 죽는 것보다 낫겠노라 13 모세가 백성에게 이르되 너희는 두려워하지 말고 가만히 서서 여호와께서 오늘 너희를 위하여 행하시는 구원을 보라 너희가 오늘 본 애굽 사람을 영원히 다시 보지 아니하리라 14 여호와께서 너희를 위하여 싸우시리니 너희는 가만히 있을지니라

마침내 드러난 하나님의 길

처음 제자훈련을 인도하던 때, 당시 나에게 큰 부담으로 다가왔던 것은 첫 제자훈련 인도에 대한 긴장감보다 여 집사님들에게 둘러싸여 서너 시간 동안 있어야 한다는 상황이었다. 아줌마들 사이에 내성적인 젊은 목사가 긴장하는 모습으로 앉아 있으니, 그 모습을 보셨던 집사님들이 경직을 풀어주려고 참 많이 배려해주셨던 기억이 난다.

한번은 '기도'에 관한 공과를 시작하기 전에 찬양을 한 곡 부르고 나눔을 하기로 했다. "하나님의 음성을 듣고자 기도하면 귀를 기울이고 나의 기도를 들어주신다네"라는 찬양을 부르고 난 후에 한 사람씩 이 찬양을 부르며 어떤 생각이 들었는지를 나누었다. 그때 한 집사님이 이 찬양을 수십 년 동안 수백 번은 부른 것 같은데 오늘 새롭게 깨닫게 된 은혜가 너무나 감격스럽다며 진지하게 이렇게 나누어주셨다.

"하나님의 음성을 듣고, 자기도 하면, 귀를 기울이고 나의 기도를 들어주신다네."

그러면서 "역시 은혜의 하나님!"이라고 하셨다. 당시 얼마나 당황했던지, 그동안 내가 이 찬양의 가사를 잘못 이해하고 불렀나 착각이 들 정도였다. 나중에 알았는데, 내가 너무 경직되어 있어서 긴장을 풀어주려고 유머를 하신 것이라 했다.

하나님의 매듭짓기

본문을 묵상하면서 당시 첫 제자반 집사님들의 배려가 문득 떠오르면서, 그 상황이 의미 있게 다가왔다.

하나님의 음성을 듣고자, 기도하면
하나님의 음성을 듣고, 자기도 하면

같은 찬양이라도 어디에서 끊느냐에 따라 전혀 다른 의미가 된다면, 우리의 삶도 어디에서 끊느냐에 따라 전혀 다른 의미가 될 수 있겠구나 싶었다.

그리고 내 방식, 내 생각으로 내 삶을 해석하는 것이 아니라 하나님의 관점으로 끊어야 할 데서 잘 끊을 수 있는 은혜를 구했다. 내 관점의 매듭짓기가 아니라 하나님의 관점으로 매듭짓기가 이뤄지기를 소망했다.

이러한 매듭짓기를 위해 우리에게 필요한 것은 하나님의 방식, 하나님의 관점이다. 하나님께서 내 삶을 어떻게 바라보시는지를 이해할 필요가 있다. 하나님께서 어떻게 하나님의 백성의 삶을 이끌어가시는지를 이해할 필요가 있다.

본문은 하나님께서 하나님의 백성의 삶을 풀어가시는 원리를 기록한 대표적인 사건인 출애굽을 다룬다. 이스라엘 백성은 430년간의 고통스러웠던 노예 생활을 청산하고, 드디어 애굽에서 떠나게 된다. 그렇게 약속의 땅 가나안을 향해 행군하는데, 갑자기 하나님께서 행군의 방향을 바꾸라 명하신다.

여호와께서 모세에게 말씀하여 이르시되 이스라엘 자손에게 명령하여 돌이켜 바다와 믹돌 사이의 비하히롯 앞 곧 바알스본 맞은편 바닷가에 장막을 치게 하라 출 14:1,2

방향을 바꿔 향한 곳은 2절에 자세히 기록되어 있다. 여기서 바다는 홍해를 뜻하고, 믹돌은 망대라는 뜻을 가진 지명으로 아마도 망대, 망루가 있었던 곳을 말하는 것 같다. 비하히롯은 채석장이라는 의미를 가진 곳이다. 당시 애굽에서는 피라미드와 같은 대형 건축이 진행되고 있어서 곳곳에 채석장이 있었다고 한다. 비하히롯은 그러한 건축을 위해서 사용되던 채석장이었을 것이다. 즉, 하나님께서는 모세에게 망대가 있는 믹돌과 채석장

사이 앞쪽으로 바다가 있는 곳으로 이스라엘 백성을 행진하게
하라고 명하신 것이다.

이러한 상황에서 애굽의 바로는 장자를 잃은 분노, 그리고 장
정만 60만 명이 넘는 노예들이 떠난 이후 애굽이 겪게 될 엄청난
손해를 막아내고 성난 민심을 달래기 위해서 모든 군대를 총 동
원해 이스라엘 백성을 추격하기 시작한다.

> 바로가 곧 그의 병거를 갖추고 그의 백성을 데리고 갈새 선발된 병거
> 육백 대와 애굽의 모든 병거를 동원하니 지휘관들이 다 거느렸더라
>
> 출 14:6,7

하나님의 말씀에 순종해서 광야의 길로 나갔는데, 지금 이스
라엘 백성은 독 안에 든 쥐와 같은 상황이 되어버렸다. 완전히
코너에 몰린 상황이다. 이러한 상황에서 하나님께서 이스라엘
백성에게 베푸신 놀라운 기적은 우리에게 중요한 교훈을 준다.

바로의 관점으로 내 삶을 해석하지 말라

출애굽의 행진이 가나안을 향한 북동쪽이 아니라 막다른 길
을 향해 나아가고 있는 상황이다. 바로는 이 상황을 바라보며
이스라엘 백성이 광야에서 길을 잃고 독 안에 든 쥐가 된 상황이

라고 해석하고 판단했다.

> 왕은 '이스라엘 백성이 길을 잃었다. 그들은 광야에 갇혔다'라고 생각
> 할 것이다. 출 14:3, 쉬운성경

세상은 이처럼 바로의 관점으로 믿음의 삶을 해석한다. 바로의 관점은 하나님의 인도하심과 역사가 배제된 관점이다. 우리는 하나님의 말씀에 순종한 삶이라고 하지만, 바로의 관점에서는 길을 잃어버린 모습처럼 보이는 것이다.

지나온 삶을 돌아보면서 이러한 바로의 시선에서 해석된 내 삶을 직면할 때가 정말 많았다. 그럴 때마다, 부르심을 따라 살아간다고 말하고 있음에도 길을 잃어버린 것 같은 나 자신의 모습이 한심스러울 때도 많았다.

이스라엘 백성도 막다른 길에 서 있을 때 하나님의 존재가 배제된 바로의 생각으로 자신들의 모습을 해석하면서 절망에 빠진다.

> 그들이 모세에게 말했습니다. "이집트에는 무덤이 없어서 우리를 이
> 광야로 데리고 나와 죽게 하는 것입니까? 어떻게 우리를 이집트에서
> 끌고 나와서 이렇게 하실 수 있습니까? 출 14:11, 우리말성경

하나님의 관점으로 해석하라

유학을 떠나기 위해서 교회를 사임했을 당시, 부르심을 따라 믿음의 걸음을 걷는다는 축복과 격려를 정말 많이 받았다. 이러한 격려와 축복 속에 유학 준비를 시작했지만 두 차례나 비자를 거절당하면서 유학길이 막혀버렸다. 당시에는 하나님 앞에서 한 점 부끄럼 없이, 정직하게 비자 인터뷰를 진행하다 얻은 결과이기 때문에 그 결과가 부끄럽지 않았다. 하지만 시간이 흐를수록, 비자 인터뷰 당시 미국 대사관에서 영사가 나에게 했던 이야기가 마음을 짓눌렀다.

나는 인터뷰하는 영사에게 미국에서 신학을 공부하고 반드시 한국에 돌아올 거라고 했다. 목사인 내가 거짓말을 할 리가 있겠냐며, 믿어달라고도 말했다. 하지만 이 이야기를 듣던 미국 영사는 자기 뒤에 있는 사람 키보다 더 큰 캐비닛들을 가리키면서 이렇게 말했다.

"당신처럼 공부하고 한국에 돌아오겠다고 인터뷰를 했지만 그 말을 지키지 않은 사람들의 서류가 저기 가득 있습니다!"

그 말에 정말 충격을 받았다. 하나님의 부르심을 따라가는 목회자의 삶에 대한 현실의 관점을 피부로 느끼는 순간이었다. 교회 안에만 있다 보니 교회 밖에서 목회자를 바라보는 시선이 어떠한지 피부로 느끼지 못했는데, 당시 영사가 나에게 했던 말은 시간이 흐를수록 내 마음을 흔들었다.

그 이후로 일 년의 시간을 방황했다. 나중에는 전세 만기로 집을 빼야 하는 상황까지 이르렀고, 갈 곳이 없어서 양가 부모님 댁에 살림을 나눠 놓고 떠도는 신세가 되었다. 그렇게 떠돌다가 극적으로 가게 된 곳이 캐나다 밴쿠버였는데, 그곳에서 들었던 목사님들의 이야기도 충격적이었다.

"이곳은 목사들의 무덤입니다."

부르심을 따라, 하나님의 말씀을 따라왔는데, 내가 온 곳이 목사들의 무덤이라니…. 그때 내 감정과 상관없이 믿음의 고백이 툭 튀어나왔다.

"그럼 여기서 죽으면 되겠네요! 주님이 반드시 살려주실 테니!"

하나님의 부르심을 따라 살아가면서 바로의 관점에 영향을 받았던 적은 없는가? 그럴 때 바로의 관점으로 우리의 삶을 해석해서는 안된다. 바로는 하나님의 놀라운 계획을 몰랐다. 하나님께서 예비하신 놀라운 길이 있음을 상상도 하지 못했다. 하나님께서 왜 이렇게 인도하시는지를 알지 못했다.

본문에는 바로의 생각으로 자신의 삶을 해석하려는 이스라엘 백성을 향한 모세의 처방이 기록되어 있다.

모세가 백성에게 이르되 너희는 두려워하지 말고 가만히 서서 여호와께서 오늘 너희를 위하여 행하시는 구원을 보라 너희가 오늘 본 애

굽 사람을 영원히 다시 보지 아니하리라 여호와께서 너희를 위하여
싸우시리니 너희는 가만히 있을지니라 출 14:13,14

현재 아무 일도 일어나지 않고 있다. 하지만 하나님께서 지금
우리를 위해 일하고 계심을 믿고, 이 믿음으로 현실을 바라보아
야 한다. 바로의 생각으로 우리의 현실을 해석하지 말고, 바로
가 전혀 보지 못하고 상상하지도 못한 하나님의 놀라운 계획을
신뢰함으로 내 삶을 바라보라는 것이다. 이 순간 우리의 삶을
해석하는 기준이 바로의 관점이 아니라 하나님의 관점이 되기를
바란다.

현실이 믿음을 흔들 때

본문은 이스라엘 백성이 두려움으로 크게 동요하기 시작한
지점을 반복해서 기록한다.

바로가 가까이 올 때에 이스라엘 자손이 눈을 들어 본즉 애굽 사람들
이 자기들 뒤에 이른지라 이스라엘 자손이 심히 두려워하여 여호와
께 부르짖고 출 14:10

이스라엘 백성이 보았던 것은 무엇인가? 바로와 애굽 사람들

이다. 당시 지상 최고의 군대는 바로의 병거, 즉 애굽의 군대였다. 이스라엘 백성은 그 애굽의 군대가 총 출동해서 그들을 향해 오고 있는 모습을 보았다. 그 모습을 본 이스라엘 백성의 반응은 어떠했는가?

> 그들이 또 모세에게 이르되 애굽에 매장지가 없어서 당신이 우리를 이끌어 내어 이 광야에서 죽게 하느냐 어찌하여 당신이 우리를 애굽에서 이끌어 내어 우리에게 이같이 하느냐 출 14:11

바로와 애굽 군대가 오는 모습을 본 그들은 이제 죽게 되었다고 절망한다.

기도하며 하나님을 따라왔는데, 막상 눈앞의 현실을 바라보면 마음이 무너지고 절망하게 될 때가 있다. 현실을 정확하게 파악할 수 있는 통찰력은 그리스도인들이 구해야 할 중요한 덕목이다. 하지만 눈에 보여지는 현실을 분석하고 파악하는 것만이 우리가 추구해야 할 덕목이 되는 것은 곤란하다.

결혼 후 우리 부부는 임신이 어려웠다. 그래서 난임 치료를 받고 있었는데, 하루는 산부인과 의사가 내가 목사이니 비밀을 하나 알려주겠다며 우리 부부의 상태를 말해주었다. 현재 의사로서 할 수 있는 것은 다 해보았다는 것이다. 솔직히 어느 수준을 넘어가면 의사가 할 수 있는 것이 없다면서 이렇게 얘기했다.

"이제부터는 목사님의 전문 영역이니, 저보다 하나님과 친한 목사님이 하시기 나름입니다!"

당시에는 의사 선생님이 어떻게 저렇게 말씀하시나 싶어서 원망의 하소연을 했다. 그러자 선생님은 바로 이렇게 맞받아치셨다.

"어떻게 목사님이 믿음 없이 이렇게 말씀하십니까?"

순간, 정신이 번쩍 들었다.

눈에 보이는 수치나 데이터를 들었을 때는 정말 하늘이 무너지는 것 같았다. 그런데 '어떻게 목사님이 믿음 없이'라는 선생님의 말씀이 하나님의 질책으로 들렸다.

믿음생활을 하는 가운데 우리 신앙의 뿌리를 흔드는 것은 눈에 보이는 현실이다. 그것이 객관적인 사실일 때가 많다. 그렇다고 현실을 무시하라는 게 아니다. 그러한 현실을 믿음으로 바라볼 수 있는 실력을 키워야 한다는 것이다.

지금 우리에게 주어진 현실, 어떤 사실만으로 나 자신의 삶을 해석하려고 하고 있다면, 거기에 하나를 더 추가해야 한다. 내 삶을 견인하시는 하나님의 은혜와 신실하심에 대한 믿음이다.

두려움이 믿음을 흔들 때

두려움은 현실을 과장한다.

우리가 애굽에서 당신에게 이른 말이 이것이 아니냐 이르기를 우리를 내버려 두라 우리가 애굽 사람을 섬길 것이라 하지 아니하더냐 애굽 사람을 섬기는 것이 광야에서 죽는 것보다 낫겠노라 출 14:12

단순히 바로의 군대가 오는 것을 보았을 뿐인데, 이스라엘 백성은 죽음을 말한다. 이처럼 두려움으로 바라보는 현실은 절망을 극대화한다. 두려움을 가져오는 현실로만 내 삶을 해석한다면 죽음이라는 결론에 이를 뿐이다.

우리는 어떤가? 두려움이라는 안경으로 과장된 현실 앞에서 이스라엘 백성과 같이 반응하고 있는 것은 아닌가? 모세는 현실을 바라보는 두려움의 안경을 벗어버리고 '하나님'이라는 안경으로 현실을 바라봐야 한다고 선포한다.

모세가 백성에게 이르되 너희는 두려워하지 말고 가만히 서서 여호와께서 오늘 너희를 위하여 행하시는 구원을 보라 너희가 오늘 본 애굽 사람을 영원히 다시 보지 아니하리라 출 14:13

바로의 군대를 바라보지 말고, 현실에 함몰되어 있지 말고, 지금 내 삶에 역사하시는 하나님을 바라보라는 것이다.

구약에서는 모세가 이와 같은 선포를 했다면, 신약에서는 사도 바울이 동일한 믿음의 원리를 가르쳐준다.

누가 정죄하리요 죽으실 뿐 아니라 다시 살아나신 이는 그리스도 예수시니 그는 하나님 우편에 계신 자요 우리를 위하여 간구하시는 자시니라 누가 우리를 그리스도의 사랑에서 끊으리요 환난이나 곤고나 박해나 기근이나 적신이나 위험이나 칼이랴 기록된 바 우리가 종일 주를 위하여 죽임을 당하게 되며 도살 당할 양같이 여김을 받았나이다 함과 같으니라 그러나 이 모든 일에 우리를 사랑하시는 이로 말미암아 우리가 넉넉히 이기느니라 **롬 8:34–37**

'누가 정죄하리요', 이것이 현실이다. 요즘 말로 하자면 '팩폭'을 당하는 상황이다. 그럴 때 바울은 '하나님'이라는 안경을 썼다. 우리를 위하여 간구하시는 분이 계시다고 말한다. 환난, 곤고, 박해, 기근, 적신, 위험, 칼과 같은 두려움 앞에 있을 때 사도 바울이 바라보았던 것은 '우리를 사랑하시는 이'시다.

현실의 두려움으로 해석되는 나의 과거와 미래가 우리를 사랑하시는 이, 곧 하나님의 관점으로 해석되는 역사가 나타나기를 바란다.

과거의 상처를 버리고 약속의 땅으로 행진하라

《혼자 잘해주고 상처받지 마라》, 《상처받지 않고 끝까지 사랑하기》라는 책을 쓴 유은정 원장님은 크리스천 정신과 의사이다. 이분이 병원을 개원하고 보니 너무나 많은 사람들이 과거의 상처에 매몰되어 허덕이며 인생의 어두운 밤을 보내고 있다는 것이다. 우리 중에도 과거의 상처에 매몰되어 허덕이며 인생의 어두운 밤을 보내고 있는 사람이 있을 것이다. 그런 이들에게 본문의 말씀이 상징이 아니라 실제가 되기를 바란다.

본문에 기록된 이스라엘 백성의 상황을 묵상하면서 가슴이 아팠다. 그들에게 애굽의 바로가 얼마나 큰 두려움이었는지, 애굽에서의 종살이가 그들에게 얼마나 큰 아픔과 상처를 남겼는지 고스란히 전해지는 것 같았다.

바로와 애굽 병사가 얼마나 두려웠으면 그들이 다가오는 모습만 보고도 혼비백산해서 죽음을 생각할 정도였을까. 애굽의 바로와 그의 군대는 이스라엘 백성에게 큰 아픔과 상처의 대상이었던 것이다.

그러다 홍해가 갈라지는 장면에 이르러서는 이 기적이 새로운 측면으로 보였다. 이 장면은 읽고 또 읽어도 흥분되는 기록이다.

모세가 바다 위로 손을 내밀매 여호와께서 큰 동풍이 밤새도록 바닷물을 물러가게 하시니 물이 갈라져 바다가 마른 땅이 된지라 이스라엘 자손이 바다 가운데를 육지로 걸어가고 물은 그들의 좌우에 벽이 되니 출 14:21,22

이 장면만 생각하면 온몸에 전율이 생길 정도로 흥분되고 감격이 밀려온다. 갈라진 바다의 벽 사이에 만들어진 길을 생각해 보라. 이스라엘 백성 전부가 바다의 벽으로 만들어진 길을 건너려면 상상할 수 없는 폭의 길이 생겼을 것이다. 한 국가의 국민이 건널 정도의 넓은 길이 생긴 것이다. 더군다나 바다 펄이 완전히 말라버린 길이 되었다.

그런데 이 말씀을 새롭게 묵상하면서 홍해가 갈라지는 장면보다 더 큰 감동으로 내 마음에 전해진 장면이 있었다.

여호와께서 모세에게 이르시되 네 손을 바다 위로 내밀어 물이 애굽 사람들과 그들의 병거들과 마병들 위에 다시 흐르게 하라 하시니 모세가 곧 손을 바다 위로 내밀매 새벽이 되어 바다의 힘이 회복된지라 애굽 사람들이 물을 거슬러 도망하나 여호와께서 애굽 사람들을 바다 가운데 엎으시니 물이 다시 흘러 병거들과 기병들을 덮되 그들의 뒤를 따라 바다에 들어간 바로의 군대를 다 덮으니 하나도 남지 아니하였더라 출 14:26-28

이스라엘을 위협하고 두려움에 휩싸이게 만들었던 바로의 군대가 홍해 물에 덮였다. 하나도 남지 않게 되었다. 지금까지 이스라엘 백성을 떨게 만들었던 모든 두려움, 자신들에게 큰 상처를 주었던 바로의 모든 병거가 바닷속에 수장되어 버린 것이다.

하나님께서는 이스라엘의 모든 아픔과 상처, 두려움을 바다에 소멸시켜버리셨다.

하나님께서는 소망으로 약속의 땅을 향해 행진하게 될 이스라엘 백성이 더 이상 과거의 상처에 영향받지 않기를 원하셨다. 더 이상 바로와 그의 군대의 추격에 하나님의 백성이 두려움에 빠지지 않도록 모든 것을 끊어버리셨다.

그런즉 누구든지 그리스도 안에 있으면 새로운 피조물이라 이전 것은 지나갔으니 보라 새 것이 되었도다 고후 5:17

우리도 더 이상 과거의 아픔이나 상처로 두려워하지 말고, 모든 아픔과 상처를 홍해 바다에 소멸시키신 하나님을 바라보며 소망으로 나아가자. 하나님이 친히 인도하시는 그 길로.

웨이 메이커 : 길을 여신 하나님

초판 1쇄 발행 　2026년 2월 12일
초판 2쇄 발행 　2026년 2월 20일

지은이 　조정환

펴낸이 　여진구
책임편집 　이영주 진효지
편집 　최현수 구주은 안수경 김도연 김아진 배예담
책임디자인 　노지현 | 마영애 조은혜 정은혜
마케팅 　김상순 강성민 　　　　마케팅지원 　최영배 정나영
제작 　조영석 허병용 　　　　경영지원 　김혜경 김경희 김영하

303비전성경암송학교 유니게 과정
이슬비전도학교 / 303비전성경암송학교 / 303비전꿈나무장학회

펴낸곳 　(주)규장갓피플

주소 　06770 서울시 서초구 매헌로 16길 20(양재2동) 규장선교센터
전화 　02)578-0003 　팩스 　02)578-7332
이메일 kyujang0691@gmail.com 　　　　홈페이지 www.kyujang.com
페이스북 facebook.com/kyujangbook 　　　　인스타그램 instagram.com/kyujang_com
카카오스토리 story.kakao.com/kyujangbook
등록번호 제2026-000001호
since 1978.08.14

ⓒ 저자와의 협약 아래 인지는 생략되었습니다.
이 출판물은 저작권법에 의해 보호를 받는 저작물이므로 무단 전재와 무단 복제를 할 수 없습니다.

책값 　뒤표지에 있습니다.
ISBN 979-11-6504-685-9 03230

규 | 장 | 수 | 칙

1. 기도로 기획하고 기도로 제작한다.
2. 오직 그리스도의 성품을 사모하는 독자가 원하고 필요로 하는 책만을 출판한다.
3. 한 활자 한 문장에 온 정성을 쏟는다.
4. 성실과 정확을 생명으로 삼고 일한다.
5. 긍정적이며 적극적인 신앙과 신행일치에의 안내자의 사명을 다한다.
6. 충고와 조언을 항상 감사로 경청한다.
7. 지상목표는 문서선교에 있다.

하나님을 사랑하는 자 곧 그의 뜻대로 부르심을 입은 자들에게는 모든 것이 合力하여 善을 이루느니라(롬 8:28)